PROCESSOS DE APRENDIZAGEM E DESENVOLVIMENTO DE COMPETÊNCIA

Dados Internacionais de Catalogação na Publicação (CIP)

S729m Antonio de Souza, Renato.

Processos de aprendizagem e desenvolvimento de competência / Renato Antonio de Souza. – São Paulo, SP : Cengage, 2016.

Inclui bibliografia.
ISBN 13 978-85-221-2908-9

1. Planejamento educacional. 2. Educação. 3. Aprendizagem. 4. Competências. 5. Didática. 6. Ensino a distância. I. Título.

CDU 37.018.43
CDD 371.35

Índice para catálogo sistemático:

1. Planejamento educacional   37.014.5

(Bibliotecária responsável: Sabrina Leal Araujo – CRB 10/1507)

PROCESSOS DE APRENDIZAGEM E DESENVOLVIMENTO DE COMPETÊNCIA

CENGAGE

Austrália • Brasil • México • Cingapura • Reino Unido • Estados Unidos

CENGAGE

Processos de aprendizagem e desenvolvimento de competência

Conteudista: Renato Antonio de Souza

Gerente editorial: Noelma Brocanelli

Editoras de desenvolvimento:
Gisela Carnicelli, Regina Plascak e Salete Del Guerra

Editora de aquisições: Guacira Simonelli

Coordenadora de conteudistas: Luciana Gomide Mariano Carmo

Produção editorial: Fernanda Troeira Zuchini

Copidesque: Sirlene M. Sales

Revisão: Vânia Ricarte Lucas e Renata Eanes Hägele

Diagramação: Alfredo Carracedo Castillo

Capa: Estúdio Aventura

Imagens usadas neste livro por ordem de páginas:

Andresr/Shutterstock; Pressmaster/Shutterstock; Photographee.eu/Shutterstock; Mathias Rosenthal/Shutterstock; Iculig/Shutterstock; My Life Graphic/Shutterstock; iofoto/Shutterstock; Catalin Petolea/Shutterstock; Matej Kastelic/Shutterstock; Andrey_Popov/Shutterstock; Yeamake/Shutterstock; Olesia Bilkei/Shutterstock; Dmitry Kalinovsky/Shutterstock; Monkey Business Images/Shutterstock; Blend Images/Shutterstock; Nadya Lukic/Shutterstock; agsandrew/Shutterstock; OPOLJA/Shutterstock; auremar/Shutterstock; dotshock/Shutterstock; Trueffelpix/Shutterstock; Rawpixel/Shutterstock; Andor Bujdoso/Shutterstock; Monkey Business Images/Shutterstock; Dragon Images/Shutterstock; Michaelpuche/Shutterstock; Rafal Olechowski/Shutterstock; SergeBertasiusPhotography/Shutterstock

© 2016 Cengage Learning Edições Ltda.

Todos os direitos reservados. Nenhuma parte deste livro poderá ser reproduzida, sejam quais forem os meios empregados, sem a permissão por escrito da Editora. Aos infratores aplicam-se as sanções previstas nos artigos 102, 104, 106, 107 da Lei nº 9.610, de 19 de fevereiro de 1998.

Esta editora empenhou-se em contatar os responsáveis pelos direitos autorais de todas as imagens e de outros materiais utilizados neste livro. Se porventura for constatada a omissão involuntária na identificação de algum deles, dispomo-nos a efetuar, futuramente, os possíveis acertos.

Esta editora não se responsabiliza pelo funcionamento dos links contidos neste livro que possam estar suspensos.

Para permissão de uso de material desta obra, envie seu pedido para
direitosautorais@cengage.com

© 2016 Cengage Learning Edições Ltda.
Todos os direitos reservados.

ISBN 13: 978-85-221-2908-9
ISBN 10: 85-221-2908-8

Cengage Learning Edições Ltda.
Condomínio E-Business Park
Rua Werner Siemens, 111 - Prédio 11
Torre A - Conjunto 12
Lapa de Baixo - CEP 05069-900 - São Paulo - SP
Tel.: (11) 3665-9900   Fax: 3665-9901
SAC: 0800 11 19 39

Para suas soluções de curso e aprendizado, visite
www.cengage.com.br

Impresso no Brasil
Printed in Brazil

Apresentação

Com o objetivo de atender às expectativas dos estudantes e leitores que veem o estudo como fonte inesgotável de conhecimento, esta **Série Educação** traz um conteúdo didático eficaz e de qualidade, dentro de uma roupagem criativa e arrojada, direcionado aos anseios de quem busca informação e conhecimento com o dinamismo dos dias atuais.

Em cada título da série, é possível encontrar a abordagem de temas de forma abrangente, associada a uma leitura agradável e organizada, visando facilitar o aprendizado e a memorização de cada assunto. A linguagem dialógica aproxima o estudante dos temas explorados, promovendo a interação com os assuntos tratados.

As obras são estruturadas em quatro unidades, divididas em capítulos, e neles o leitor terá acesso a recursos de aprendizagem como os tópicos *Atenção*, que o alertará sobre a importância do assunto abordado, e o *Para saber mais*, com dicas interessantíssimas de leitura complementar e curiosidades incríveis, que aprofundarão os temas abordados, além de recursos ilustrativos, que permitirão a associação de cada ponto a ser estudado.

Esperamos que você encontre nesta série a materialização de um desejo: o alcance do conhecimento de maneira objetiva, agradável, didática e eficaz.

Boa leitura!

Prefácio

O planejamento é uma ação que norteia a atividade pedagógica e, por essa razão, é essencial para a atividade docente.

O ato de planejar e prever os conteúdos a serem trabalhados em sala de aula revelam a sua importância quando o que se visa é alcançar importantes objetivos: levar o projeto correto aos discentes, realizar a avaliação adequada dentro do processo de avaliação e concluir qual tipo de evolução se obteve.

Por meio do planejamento, o professor terá condições de analisar as dificuldades, fomentar as vantagens percebidas e, delas, extrair novas opções e propostas para por em prática o processo de aprendizagem.

Processos de aprendizagem e desenvolvimento de competências foi elaborado com o objetivo de levar ao leitor as diretrizes da organização no âmbito da atividade pedagógica.

Na Unidade 1, são apresentados temas como informação e conhecimento, planejamento de aulas, os do método e os princípios didáticos essenciais para o educador, entre outros assuntos.

A Unidade 2 tratará da estimulação sensorial, da mudança de comportamento, da facilitação, da andragogia, da abordagem crítico-social dos conteúdos e das múltiplas inteligências.

Já na Unidade 3 vai apresentar o estudo das competências: competência, habilidade e o ambiente corporativo; pedagogia das competências; identificação e desenvolvimento de competências para ambientes corporativos; competência interpessoal; e, finalmente, da competência técnica.

Para finalizar o estudo de debate desta matéria, a Unidade 4 abordará o panorama estatístico e histórico de EAD, os conceitos e características de EAD, a educação presencial e educação a distância, e as finalidades e princípios da educação a distância.

O que diz respeito ao desenvolvimento do indivíduo requer um planejamento, uma organização concatenada de atos e atividades que permitam se chegar a um determinado fim. No processo de aprendizagem não poderia ser diferente.

Bons estudos

UNIDADE 1
PROCESSOS E METODOLOGIAS FACILITADORAS DA INCORPORAÇÃO DO CONHECIMENTO

Capítulo 1 Apresentação, 10

Capítulo 2 Sociedade e educação, 10

Capítulo 3 Dado, informação e conhecimento, 12

Capítulo 4 Planejamento de aulas, 15

Capítulo 5 Os Parâmetros Curriculares Nacionais e a questão do método, 20

Capítulo 6 Princípios didáticos essenciais para o educador, 26

Glossário, 30

1. Apresentação

Antes de debruçarmo-nos sobre a área de estudo, objeto desta disciplina, para fins didáticos, convém compreendermos, inicialmente, quais são o tempo e o espaço em que a educação da qual tratamos está situada.

A educação está no cerne de toda atividade humana em razão da sobrevivência dos sujeitos estar relacionada à transmissão de uma herança cultural de uma sociedade.

Cada sociedade possui uma percepção de homem ideal, de como ele deve ser e agir intelectual, física e moralmente, e cujas características direcionam a educação dessa sociedade. A seguir, traçaremos um breve aspecto histórico da relação entre sociedade e educação.

2. Sociedade e educação

Em cada momento histórico, a sociedade dispõe de um sistema educacional que seja capaz de formar cidadãos que estejam aptos para desempenhar funções sociais nos mais variados espaços de convivência humana.

Com os avanços tecnológicos, o trabalho, por exemplo, transitou da fase *hardwork* para *softwork* e, mais rapidamente ainda, para a fase *mindwork* (Guevara & Dib, 2008).

A fase considerada **hardwork** é atribuída à sociedade agrícola, até o final da Idade Média, em que predominava a atividade laboral nos campos, de subsistência. A educação nesse período visava a formação de mão de obra para a lavoura, com habilidades básicas para desempenhar um papel importante na construção de nações e forte inclinação para o desenvolvimento do senso de comunidade e de boas maneiras.

A fase intitulada **softwork** refere-se à sociedade industrial, na qual o proprietário controlava os meios de produção e exercia influência de poder sobre seus funcionários. A primeira etapa desse período é centrada na questão da energia (física, vapor, elétrica) e, na etapa seguinte, a informação passa a ser o centro das atenções para a manutenção do *status quo* e dos lucros. Esse período foi marcado pela forte urbanização, alimentada pelo capital e trabalho, e a educação tinha por função uma formação técnica e profissional para garantir mão de obra qualificada para a indústria, com o desafio de formar trabalhadores eficientes, disciplinados, com conhecimentos da língua e do cálculo.

A fase **mindwork** é atribuída à sociedade pós-industrial, então caracterizada pelo trabalho intelectual, cuja matéria prima é o conhecimento e a comunicação. Também tem como diferencial o imediatismo, haja vista o período abranger um tempo em que o mundo estava cercado de incertezas e de mudanças constantes de uma sociedade globalizada e em rede.

Quanto à nossa educação, parece que ainda está afinada com a fase *softwork*, pois a escola ainda proporcionar uma educação tecnicista e reproducionista. Parece que todo esforço escolar reside na aquisição de informações e não na construção de conhecimentos. Na era da inovação e criatividade, não há uma divisão do trabalho entre os que pensam e os que fazem. A sociedade contemporânea é impactada fortemente pela globalização.

Globalização é uma forma específica de relação entre Estados-Nação e a economia mundial. É a interconexão entre nações, continentes ou regiões, criando-se interdependências em diversas áreas do saber como política, cultura, economia, tecnologia, entre outras.

Podemos dizer que esse processo não é atual, mas sim, de longa data.

Na Idade Média, já se percebia esse fenômeno com a chamada globalização da fé, promovida pelas Cruzadas. Mais tarde, no período das grandes navegações, a Europa deixou de ser um feudo e estendeu seu alcance à outras partes do mundo, inclusive na América. No século XX, a globalização expandiu a questão do capital para informação, conhecimento, padrões culturais etc.

Nesse cenário de mudanças, processos e valores, a educação precisou dinamizar-se a fim de formar sujeitos para atuação nesse contexto, uma vez que o conhecimento dominou essa nova civilização e o capital intelectual é a mola propulsora dessa nova sociedade globalizada e integrada.

Outro fator preponderante em nossos tempos refere-se à comunicação e à organização da informação e do conhecimento. Em vista disso, os profissionais são conhecidos como trabalhadores do conhecimento.

É nesse contexto que as instituições educativas precisam (re)pensar suas formas de atuação para a formação de sujeitos que sejam capazes de atuar no âmbito dessa sociedade tecnológica, globalizada, dinâmica, regida por compartilhamento de informação e, também, de conhecimento.

A construção de conhecimento pode ocorrer de maneiras variadas, visto que o processo de desenvolvimento, aprendizagem e relações que o sujeito estabelece com o outro varia em relação ao tempo e ao espaço.

Fica o questionamento: afinal, o que é conhecimento?

3. Dado, informação e conhecimento

Inicialmente, é importante fazermos uma distinção entre dado, informação e conhecimento, diante da enormidade de informação produzida diariamente em nossa sociedade e, consequentemente, para pensarmos em estratégias de ensino-aprendizagem que promovam a construção do conhecimento.

A informação e o conhecimento, no contexto atual, são considerados recursos de desenvolvimento de qualquer sociedade. O conhecimento vai um pouco além disso, pois é considerado também um recurso econômico. Isso move e impulsiona o desenvolvimento glocal, sendo, assim, uma questão estratégica.

> *ATENÇÃO! A expressão glocal refere-se à fusão da palavra global e local e significa a dimensão local influenciando a produção de uma cultura global.*

Sobre essas considerações consensuais, cabe aqui lembrar que informação e conhecimento sempre fizeram parte de qualquer sociedade, em qualquer momento histórico. É evidente que a disseminação da informação ganhou celeridade a partir da invenção da prensa tipográfica. É por essa razão que alguns autores repudiam a denominação de sociedade da informação ou mesmo sociedade do conhecimento (Postman, 1994).

Dado

Dado é a representação de coisas do mundo real. É o estado bruto de algo, sem preocupação com a significação. Essa representação pode ser por meio de códigos, símbolos, números, letras, palavras, imagens, sons, entre outras formas representativas. Os dados são transformados em informação a partir de um **processo** de seleção, organização e manipulação. Os dados representam o ponto de partida para explicação de fatos ou fenômenos observados e estudados.

ATENÇÃO! Processo é um conjunto de tarefas logicamente relacionadas e organizadas para atingir determinado fim.

Informação

Informação é um conjunto organizado de dados que se constitui em uma mensagem a respeito de algo. É uma ação comunicativa em que se transmite uma ideia, uma informação sobre alguma coisa. Pode ser transmitida por meio de um livro, uma placa de trânsito, uma música, um texto, entre tantos. É um conjunto de dados à espera de mediação para atribuição de significados.

Podemos dizer que a informação é o motor que move as sociedades. Ela é objeto de consumo como qualquer outro produto.

Pensemos na informação sob duas perspectivas: a de quem informa e a de quem a recepciona. O comunicador o faz com a intenção de que a informação produza algum sentido em quem recepciona uma mensagem. Assim, não podemos dizer que a informação é algo isento de significação, até porque quem informa o faz da maneira que lhe convém, dentre tantas possibilidades de fazê-lo. Sob o ponto de vista de quem recepciona, temos o interlocutor, que recepciona a mensagem e atribui significado a ela, o que faz com que a informação seja relacionada à significação tanto de quem comunica, como de quem recepciona a mensagem.

Conhecimento

Conhecimento é o significado que cada um dá à informação, atribuído pelo sujeito a algo, a partir de representações mentais com base em informações oriundas do meio social em que vive. O conhecimento é particular, em razão de ser construído na interação entre interlocutores ou entre interlocutor e objeto/fenômeno observado. Ele está relacionado à experiência individual; não possibilita transferência e é de difícil disseminação. Conhecimento, para Perrenoud (1999), são representações da realidade, construídas e internalizadas pelo sujeito a partir da experiência e de sua formação. Essa abordagem é interessante, pois ela trata do conhecimento como algo individual e representações da realidade. Ou seja, não existe uma realidade, mas várias realidades, considerando que cada um pode atribuir um significado a algo. Além disso, a experiência e a formação, seja ela formal, não-formal e informal, influenciam no processo do conhecer.

O conhecimento pode ser tácito ou explícito (Nonaka & Takeuchi, 1997), advém da experiência, é de difícil organização e baseado na racionalidade.

O **conhecimento tácito** é de caráter pessoal e emerge da experiência do sujeito, é o saber fazer pessoal e, portanto, de difícil organização. Esse tipo de conhecimento pode ser subdividido em técnico e cognitivo, conforme explicam os autores.

O **conhecimento técnico** está relacionado à descrição de habilidades, por exemplo, para a realização de algo. O professor, ao explicar para o aluno o processo de alfabetização, por exemplo, está fazendo uso de um conhecimento técnico.

Já o **conhecimento cognitivo** está relacionado a modelos mentais, à forma como vemos o mundo, por exemplo, e, por essa razão, torna-se difícil de ser processado ou transmitido.

O **conhecimento explícito** é o conhecimento formal, sistematizado, representado por palavras, imagens, números e que, portanto, é facilmente comunicado e compartilhado.

A ação educacional consiste na construção de situações de ensino-aprendizagem que proporcionem tanto a transmissão de informação quanto a construção de conhecimentos, a apropriação de saberes.

A construção do conhecimento só é possível a partir de um relacionamento entre os conhecimentos tácito (pessoal, inconsciente) e o explícito (formal) e a criação de ambientes mediados e que possibilitem a conversão do conhecimento tácito em explícito (Nonaka e Takeuchi, 1997). Em outras palavras, a escola precisa ser capaz de perceber os conhecimentos prévios de seus alunos e, a partir disso, proporcionar condições para que eles experimentem situações que permitam a construção e a apropriação de conhecimentos.

A primeira etapa a ser seguida, para pensarmos em proporcionar situações que permitam a construção e apropriação de conhecimentos, é o planejamento de aulas.

ATENÇÃO! Ao propor essa etapa, estamos considerando que a instituição educacional já dispõe de um Projeto Político Pedagógico e de um Currículo Escolar elaborados.

4. Planejamento de aulas

Consideremos, inicialmente, que as instituições de ensino de caráter formal têm por características o desenvolvimento de atividades pedagógicas planejadas, intencionais e dirigidas e, portanto, o processo não é casual e/ou espontâneo.

O planejamento é uma ação que norteia o fazer pedagógico e, por essa razão, é essencial para a atividade docente. Essa tarefa inclui a previsão de conteúdos a serem trabalhados, em termos de organização e sequencialidade, sempre em função de objetivos gerais e específicos a serem alcançados. Além disso, é a partir dessa organização que se elege a metodologia mais adequada para o desenvolvimento de habilidades anteriormente identificadas, assim como os instrumentos de avaliação que serão utilizados para a verificação do domínio alcançado pelos alunos, em relação ao objeto de estudo.

Essa atividade contempla conteúdos, o ensino e a aprendizagem.

Os conteúdos referem-se à prática social como objeto de ensino-aprendizagem. O ensino associa-se à ação processual e articulada aos objetivos, conteúdos e métodos utilizados para que o aluno aproprie-se do que lhe é ensinado. A aprendizagem, por sua vez, está relacionada ao que foi internalizado pelo aluno, o que pode ser verificado por meio de instrumentos de avaliação.

Vale ressaltar que o professor precisa deve estar atento e perceber se há a necessidade de fazer mudanças e correções no desenvolvimento das atividades pedagógicas detalhadas no plano de aula, visto que o aluno deve ser o centro de toda atividade de ensino-aprendizagem.

Assim, para cada etapa do trabalho desenvolvido, é necessário que o professor perceba as dificuldades de aprendizagem que surgem, para que, então, elabore outras atividades que proporcionem uma compreensão mais eficaz a respeito do que se quer ensinar e do que quer que se aprenda. Isso significa que o plano de aula deve ser flexível o suficiente para permitir essas correções de percurso.

Essa atuação docente precisa proporcionar ao aluno o domínio das habilidades propostas e a apropriação de conhecimentos. Então, o professor precisa criar condições didáticas para o desenvolvimento de capacidades e habilidades, visando a autonomia e independência de pensamento dos educandos.

A ausência desse trabalho pode desencadear consequências que afetam todo o contexto de ensino-aprendizagem e, consequentemente, a construção e apropriação de conhecimentos.

A falta de planejamento de aulas é extremamente prejudicial em razão de, muitas vezes, contribuir para que atividades de ensino-aprendizagem sejam desenvolvidas de forma desorganizada e desconectada de objetivos claros e definidos.

O plano de aula, então, deve ser composto pelos seguintes elementos:

a) : Determinam os resultados que se pretende atingir. Eles podem ser gerais ou específicos. O objetivo geral expressa metas mais gerais a serem alcançadas e está relacionado ao conteúdo e procedimentos. Considere, por exemplo, uma aula de linguagem, cujo objetivo geral pode ser *compreensão de textos instrucionais*. Os objetivos específicos expressam resultados observáveis, alcançáveis e devem estar relacionados ao objetivo geral. O professor pode delimitar apenas um ou alguns objetivos específicos e deve atentar-se para que eles estejam relacionados. Por exemplo, a partir do objetivo geral acima mencionado, poderíamos definir como objetivos específicos (1) *compreender bula de remédio* e (2) *compreender a organização geral desse texto*. Lembrem-se de que os objetivos são sempre iniciados com um verbo no infinitivo, como por exemplo, compreender, analisar, comparar etc.

A definição dos objetivos precisa ser pensada sob três aspectos: conhecimento, aplicação e solução de problemas, conforme demonstrado abaixo.

Conhecimento	Aplicação	Solução de problemas
Associar, comparar, contrastar, definir, descrever, diferenciar, distinguir, identificar, indicar, listar, nomear, parafrasear, reconhecer, repetir, redefinir, revisar, mostrar, constatar, sumariar, contar.	Calcular, demonstrar, tirar ou extrair, empregar, estimar, exemplificar, ilustrar, localizar, medir, operar, desempenhar, prescrever, registrar, montar, esboçar, solucionar, traçar, usar.	Advogar, desafiar, escolher, compor, concluir, construir, criar, criticar, debater, decidir, defender, derivar, desenhar, formular, inferir, julgar, organizar, propor, ordenar ou classificar, recomendar.

O professor precisa ser cauteloso quanto à definição dos objetivos, de modo que eles sejam alcançáveis, mas que também não sejam fáceis demais. Afinal, o conteúdo precisa ser desafiador para o aluno, precisa trazer um grau de dificuldade, visando o desenvolvimento de suas capacidades.

b) Conteúdos: Práticas sociais tomadas como objeto de ensino-aprendizagem. Essas práticas sociais precisam ser relevantes e significativas para o aluno. Além disso, eles precisam ter atividades práticas, de vivência em relação ao que se aprende.

Os conteúdos são um conjunto de habilidades, hábitos, atitudes, comportamentos organizados e sistematizados. Entretanto, pode surgir o seguinte questionamento: como selecionar conteúdos para serem ensinados?

Vale lembrar que é necessário que a escola tenha elaborado um projeto político pedagógico e também um currículo, que geralmente é baseado em orientações e parâmetros fornecidos pelo Estado, mas adaptados às necessidades de cada instituição. Além disso, muitas instituições utilizam o livro didático como um guia para as aulas.

> *PARA SABER MAIS! Uma interessante abordagem sobre os livros didáticos é feita na dissertação de mestrado de Márcio Rogério de Oliveira Cano, intitulada "O tratamento dado aos gêneros de discurso jornalístico em livros didáticos de língua portuguesa", acessível através do site http://www.sapientia.pucsp.br/tde_busca/arquivo.php?codArquivo=5833. Vale a pena conhecer.*

Outra possibilidade é o próprio professor ter a autonomia e liberdade para elaborar e/ou escolher conteúdos que considere apropriados, pensando, por exemplo, no contexto de seus alunos, conforme orientação de Geraldi (1999).

> *PARA SABER MAIS! Recomendamos a leitura da obra O texto na sala de aula, de João Wanderley Geraldi, indicado nas Referências Bibliográficas.*

c) Justificativas: São argumentos que explicam a necessidade e relevância dos objetivos educacionais e também dos conteúdos a serem ensinados.

d) Métodos: são um conjunto de ações, passos e procedimentos planejados e orientados para atingir os objetivos; é o meio pelo qual se alcança os objetivos elencados no plano de aula ou, ainda, podemos dizer que método corresponde à sequência de ações do professor e do aluno.

É importante, neste momento, destacar que cada área do conhecimento humano desenvolve métodos próprios e, às vezes, compartilhados para o ensino-aprendizagem de determinados objetos de ensino. Por isso, é importante que o professor esteja atento a essas questões. Por exemplo, o ensino de matemática tem metodologias particulares, assim como o ensino de língua portuguesa como língua materna.

Libâneo (1999) afirma que há uma relação entre objetivo, conteúdo e método, de maneira que o conteúdo determina o método, em razão da interdependência com o objetivo e, portanto, essa relação constitui-se como a base do processo didático.

No desenvolvimento dos conteúdos, o professor deve apresentar conceitos e relacioná-los com questões da prática, do cotidiano do aluno; procurar integrar o conteúdo de sua disciplina com outras áreas do conhecimento; incentivar a participação e o envolvimento dos alunos como sujeitos do processo de ensino-aprendizagem; além disso, permitir atividades que contemplem os alunos de maneira individual e também coletiva, como também perceber dificuldades individuais que porventura possam aparecer.

e) Recursos didáticos: São recursos físicos presentes no ambiente de ensino-aprendizagem que estimulam e funcionam como instrumento tanto para o ensino quanto para a aprendizagem. Podem ser usados como recursos didáticos livros, cd's, lousas, giz, equipamentos como computador, *datashow*, televisão, entre tantos outros.

A função desses recursos pode ser motivar o interesse dos alunos, facilitar a visualização dos objetos de ensino ou mesmo a elaboração de uma atividade prática, como um vídeo, um texto no computador etc., favorecer o desenvolvimento de capacidades de observação e análise, entre outras.

f) Tempo: Nessa organização didática, a administração do tempo é fator importante no sentido de haver um planejamento da duração de cada etapa de ensino-aprendizagem.

g) Avaliação: É uma ação pedagógica que visa perceber o quanto os alunos dominam um objetivo de ensino específico. A partir da avaliação, o professor também pode ter a percepção sobre os métodos e estratégias utilizadas. O resultado da avaliação deve servir para reflexão sobre a ação pedagógica e (re)direcionar o trabalho em sala de aula.

Convém enfatizar que a avaliação não deve ser apenas a última etapa de uma sequência de atividades propostas, mas um instrumento cotidiano de acompanhamento de desenvolvimento de capacidades dos educandos. Portanto, deve ser entendida como um processo contínuo e não como ato de elaborar provas e atribuir notas.

A título de ilustração, apresentamos abaixo, de maneira sintetizada, um modelo de plano de aula:

Modelo de Plano de Aula

I. *Plano de Aula*:
Data:

II. *Dados de Identificação*:
Escola:
Professor (a):
Disciplina:
Série:
Turma:
Período:

III. *Objetivos*:
Objetivo geral:
Objetivos específicos:

IV. *Conteúdo*:

V. *Justificativas*:

VI. *Métodos*

VII. *Recursos didáticos*:

VIII. *Tempo*

IX. *Avaliação*:

Advogamos que o bom planejamento das aulas, considerando todos os aspectos aqui abordados, contribui para o ensino-aprendizagem, de modo que proporcione a construção e também a apropriação de saberes pelos educandos.

5. Os Parâmetros Curriculares Nacionais e a questão do método

Na seção anterior, quando tratamos das questões relacionadas ao planejamento de aulas, mencionamos o projeto político pedagógico da escola e também de seu currículo. Naquela ocasião, afirmamos que o currículo é elaborado a partir de orientações do Estado e que também é adaptado à realidade do aluno, assim como aos interesses institucionais.

Os **Parâmetros Curriculares Nacionais** (PCNs) (BRASIL, 1997) foram responsáveis por um avanço das políticas públicas direcionadas à educação, por propor um conjunto de orientações e referenciais didáticos de âmbito nacional, tanto gerais quanto específicos, em relação ao currículo escolar e formas de colocá-lo em prática.

Essas orientações foram organizadas em ciclos (Ensino Fundamental I e II e Ensino Médio) e também em áreas do conhecimento. Cada área do conhecimento dispõe de orientações específicas em relação a cada conteúdo que pode ser abordado em sala de aula, uma vez que, como já mencionamos, cada objeto de ensino demanda uma abordagem que seja coerente e que permita que se possa aprendê-lo.

Em sua elaboração, consideraram-se as proposições da Lei de Diretrizes e Bases da Educação Nacional (Lei n. 9394/96), elencadas no artigo 32, para o ensino fundamental, que são propiciar aos educandos uma formação básica para a cidadania, que visam uma organização escolar que dê condições de aprendizagem para:

I   O desenvolvimento da capacidade de aprender, tendo como meios básicos o pleno domínio da leitura, da escrita e do cálculo;

II   A compreensão do ambiente natural e social, do sistema político, da tecnologia, das artes e dos valores em que se fundamenta a sociedade;

III   O desenvolvimento da capacidade de aprendizagem, tendo em vista a aquisição de conhecimentos e habilidades e a formação de atitudes e valores;

IV   O fortalecimento dos vínculos de família, dos laços de solidariedade humana e de tolerância recíproca em que se assenta a vida social.

Essas orientações curriculares trazidas pelos PCNs contemplam as diretrizes acima mencionadas.

Além dessas questões, os PCNs também consideram que a sala de aula é um espaço complexo e que a atuação educativa lida com questões de ordem afetiva, emocional, cognitiva, física e de relação pessoal.

Portanto, essas variáveis devem ser contempladas pelo plano de trabalho docente e, consequentemente, pelo método desenvolvido pelo professor para o ensino-aprendizagem de conteúdos escolares. Cabe observar que esses métodos não se apresentam de forma pura e genuína, mas que são mobilizados pelo professor a partir da relação entre objetivos educacionais, conteúdos escolares, métodos, recursos didáticos e também avaliação.

Há tendências pedagógicas observadas em escolas brasileiras, sejam elas públicas ou privadas.

A educação brasileira é influenciada pelos grandes movimentos pedagógicos internacionais, mas sem desconsiderar nossa historicidade política, social e cultural. Em resumo, podemos identificar na educação brasileira quatro tendências pedagógicas. A pedagogia tradicional, a pedagogia renovada, a pedagogia tecnicista e aquelas marcadas por preocupações políticas e sociais, como a pedagogia libertadora e a pedagogia crítico-social dos conteúdos.

A **pedagogia tradicional** pressupõe o professor como o centro do processo de ensino-aprendizagem e o aluno como ser passivo, recebedor de conteúdos e sem independência cognitiva; o docente é o principal agente detentor e transmissor do conhecimento pronto e acabado; sua postura é inflexível e impositiva, autoritária, perante os alunos, utilizando-se de método expositivo para apresentação de conteúdos que, muitas vezes, não têm relação com o cotidiano e devem ser memorizados e repetidos; já a escola assume uma postura conservadora.

Nesse modelo de educação, a função da escola é transmitir conhecimentos e valores sociais como verdades acabadas, incontestáveis. Não se considera, nesse modelo, os interesses e o cotidiano do aluno. Essas características tornam o processo de aprendizagem burocratizado e destituído de significação.

A **pedagogia renovada**, ou a **Escola Nova**, propõe um modelo educacional em que o professor é o facilitador da aprendizagem e os conteúdos ganham significação, ou seja, o ensino passa a considerar o contexto em que os alunos estão inseridos, assim como seus interesses, o que traduz a expressão *aprendizagem significativa*.

> *ATENÇÃO! Aprendizagem significativa quer dizer que o aluno encontra razão para aprender determinado conteúdo escolar por perceber que este faz sentido para a sua vida.*

A ideia de significação indica que as aulas têm significado na vida do aluno, que ele encontra razão para aprender determinado conteúdo. Essa percepção ocorre porque a informação nova interage com uma estrutura de conhecimentos já construídos.

Vale ressaltar que o professor precisa buscar o maior nível de significação possível, sendo que essa significação nunca é absoluta, mas é sempre possível estabelecer alguma relação entre o que se pretende conhecer e aquilo que já se conhece, haja vista que os conhecimentos adquiridos via educação informal, na história de vida do aluno, influenciam na construção de novos conhecimentos.

A ideia de **professor facilitador** refere-se ao fato de que o professor deve organizar e coordenar as situações de ensino-aprendizagem, considerando as aspirações de seus alunos, com o objetivo de desenvolver capacidades e habilidades intelectuais.

Esse trabalho pressupõe contribuir para a improvisação e o refinamento desse improviso do aluno, do aprendiz. Implica aceitar o outro com direito de ser e pensar diferente do agente facilitador e também de outros integrantes do grupo. Ao mesmo tempo, deseja criar ambientes em que cada aprendiz sente-se livre para manifestar suas ideias e opiniões, percebendo-se, ainda, autor das mesmas.

Esse profissional ajuda o grupo a perceber e compreender questões que o movem. É um estimulador do autoconhecimento e também do conhecimento externo. O professor facilitador constrói pontes entre os saberes do grupo e os saberes externos e opera como um catalisador de ideias, ajudando, assim, o grupo a ampliar sua rede de reconhecimentos.

O professor facilitador precisa reconhecer o saber do grupo e suas experiências e também considerar que ele próprio, o facilitador, pode não ter passado pelas mesmas experiências que os seus alunos. O facilitador precisa colocar-se como parte de um processo de construção de saberes e que, portanto, busca a troca de experiências e reflexões que cada integrante traz ao grupo, inclusive o facilitador. Além disso, é necessário que se estabeleça uma relação de confiança entre o professor facilitador e o grupo, para que o profissional tenha legitimação e reconhecimento de seu papel.

Nesse processo, o facilitador não é um transmissor de conhecimentos, mas um organizador e, ao mesmo tempo, um aprendiz.

Em resumo, o professor facilitador é o profissional que percebe a importância do processo de aprendizagem como um recurso de aprender e, nesse processo, ele é o articulador dos conhecimentos gerados no grupo e do conhecimento que ele quer construir nos alunos. Então, esse professor precisa ser coerente, gentil, educado e um bom ouvinte, para que seja capaz de perceber os conhecimentos produzidos no grupo e articular esses conhecimentos.

Nesse processo, o educando passa a ser o agente ativo, criativo e participativo no ensino-aprendizagem, portanto, o centro do processo.

A Escola Nova, sumariamente, traz quatro aspectos definidores de sua abordagem: função socializadora do indivíduo, indivíduo como sujeito do processo ensino-aprendizagem, escola como instrumento equalizador das desigualdades sociais e espaço de aprendizagem para a democracia.

Nesse modelo educacional, o ensino deixa de ser a questão central, assumida agora pelo aluno, como sujeito ativo no processo de aprendizagem, por considerar que ele aprende a partir de experiências, da descoberta.

Outra tendência pedagógica, de acordo com Brasil (1997), é a **pedagogia tecnicista**, inspirada na teoria behaviorista, define uma prática educacional altamente controlada e com atividades mecânicas e repetitivas, de modo semelhante ao que aconteceu com o trabalho no período pós-Revolução Industrial.

Essa perspectiva educacional propõe uma educação altamente racional e que minimize as interferências externas e subjetivas que possam influenciar sua eficácia. Portanto, toda a subjetividade dos participantes desse processo educacional é rejeitada, e o professor e o aluno são relegados a um plano inferior, atribuindo-se os meios de ensino a posição principal.

Nessa concepção, o foco da educação passa a ser a tecnologia e o professor é um mero operador de ferramentas tecnológicas e implementação de manuais. Quanto ao aluno, é alçado à condição de engessamento, de reprodutor de conhecimentos, na medida em que suas respostas devem ser aquelas esperadas pela escola.

O centro dessa tendência pedagógica é o currículo, haja vista que o aluno deve adaptar-se a ele e não o contrário. Essa concepção educacional pode ser considerada como educação bancária, nos termos de Freire (1996), já que ensinar não é transferir conhecimento, mas é ter consciência do inacabamento do conhecimento que se quer construir.

Outra tendência pedagógica apontada nos PCN (Brasil, 1997) refere-se à concepção pedagógica com preocupações políticas e sociais.

Uma delas é **pedagogia libertadora**, que tem raízes na educação popular do final de 1950 e interrompida em 1964, com o golpe militar. A atividade educacional baseada nesse princípio põe em pauta discussões sobre temas sociais e políticos e ações sobre a realidade social imediata, com vistas à transformação da realidade. Essa pedagogia tem seus fundamentos em Freire (1996), entre outros.

O educador, baseado nessa concepção, é um ser político e social e, portanto, repudia uma educação meramente tecnicista. Freire (1996) afirma que o professor, que não pode passar despercebidos dos alunos e da própria escola, é aquele que possui uma presença política, no sentido de ser um sujeito de opções; aquele capaz de revelar sua capacidade de analisar, comparar, avaliar, decidir, romper.

O educador precisa entender com clareza que as discussões que ele põe em pauta em sala de aula podem caminhar tanto para a reprodução de ideologias dominantes quanto para o seu desmascaramento.

Para Freire (1996), é um erro conceber a educação e a atuação do professor como reprodução da ideologia dominante sem contestar a realidade que se coloca presente. Por exemplo, como esperar que legisladores da "bancada ruralista" aceitem e concordem que nas escolas rurais, e até mesmo urbanas, discuta-se a reforma agrária como projeto econômico, político, ético? Se o educador ou educadora, imbuídos de ação política, crítica, não tiverem essa postura, é evidente que essa questão não entrará em discussão em sala de aula. Portanto, a educação é um ato de intervenção no mundo.

Outra corrente pedagógica de preocupações político-sociais é a **pedagogia crítico-social** dos conteúdos, que, tal qual a pedagogia libertadora, também de caráter progressista, está preocupada com a função transformadora da educação e, consequentemente, com a transformação social, a partir da compreensão da realidade, do mundo do trabalho, das relações sociais e de poder, buscando entender isso não como algo natural, mas construído culturalmente.

Nessa concepção, a escola trabalha com conhecimentos sistematizados e, portanto, a difusão de conteúdos é tarefa primordial da escola. Não falamos de conteúdos abstratos, deslocados do tempo e do espaço, mas relacionados a eles. A escola, portanto, é uma instituição a serviço dos interesses populares, em razão de ser instrumento de apropriação de saberes.

Em resumo, o que define a pedagogia crítico-social é a consciência de suas questões históricas e sociais. Nesse sentido, a escola precisa proporcionar a apropriação de conteúdos escolares básicos. Lembramos que os conteúdos escolares de que tratamos são **práticas sociais**, manifestações que ocorrem na sociedade e que pautam o agir no e para o mundo. Essas práticas não são imutáveis, também não são inevitáveis, são formas de agir construídas historicamente.

> *PARA SABER MAIS! Exemplo de práticas sociais de leitura: leitura para informar-se, leitura para escrever um artigo de opinião, leitura para resolver um problema, leitura por lazer etc.*

A partir da exposição apresentada, esperamos que o professor ou professora, consciente de seu papel, seja capaz de mobilizar conhecimentos necessários para que seu aprendiz aproprie-se de saberes necessários para a vida adulta e tenha uma participação crítica e autônoma na sociedade, a partir da articulação ou adoção de um ou alguns métodos de ensino, sempre visando os objetivos de ensino-aprendizagem e os objetivos educacionais mais amplos, elencados no projeto político pedagógico da escola.

Esperamos também que o educador seja capaz de realizar uma releitura dessas concepções e adaptá-las aos nossos tempos e às características de um aluno que está situado historicamente, pensa, é um ser político. Essa dimensão considera o caráter social da educação, a importância das relações interpessoais no processo de ensino-aprendizagem e as questões psicológicas do aluno em cada momento escolar, enfim, percebe o aluno como sujeito de sua própria história.

A partir dessa concepção, o ensino não está limitado a um padrão homogêneo para todos os alunos, haja vista que a prática educativa é bastante complexa e sofre influências de vários fatores como emocionais, afetivos, físicos, entre outros. Mesmo com o planejamento detalhado, conforme advogamos e explicitamos nesta unidade, dificilmente a aula ocorrerá conforme planejado.

A seguir, trataremos de alguns princípios didáticos considerados essenciais para os profissionais de educação (BRASIL, 1997) e que, somados às concepções pedagógicas apresentadas, ajudam no desenvolvimento de competências nos alunos. São eles: autonomia, diversidade, interação e cooperação, disponibilidade para a aprendizagem, organização do tempo, organização do espaço e seleção de material.

6. Princípios didáticos essenciais para o educador

Um dos princípios que orientam a prática pedagógica é a **autonomia**. Os professores precisam desenvolver essa característica em seus alunos, mas também lançar mão dessa ferramenta, em relação ao próprio exercício do ato educacional.

O primeiro aspecto da autonomia diz respeito à consideração do aluno como sujeito autônomo na construção de seus saberes. Autonomia, nesse sentido, refere-se se à capacidade de posicionar-se sobre algo, ter autonomia, ou seja, refere-se a uma relação emancipada e que envolve aspectos intelectuais, morais, afetivos e sociopolíticos.

Para isso, é importante que o professor seja mediador de situações de ensino-aprendizagem e, então, dê voz aos alunos, para que se manifestem, seja oralmente ou por escrito. Nessa opção metodológica, é importante, por exemplo, que o professor exponha os alunos à diferentes visões, aspectos, sobre um objeto, para que o aluno possa concluir qual posição assumir. Então, o professor precisa privilegiar o processo e não oferecer uma resposta pronta para a questão em discussão.

Outro exemplo de como desenvolver a autonomia do aluno é o ensino de determinados procedimentos, como planejar um seminário, identificar formas de resolver um problema, colocar-se no lugar de outro para analisar determinada situação, entre tantos outros.

Essa postura didática deve ser implantada desde as séries iniciais, para que o aluno possa ir aumentado o seu nível de autonomia e não reservar-se apenas às etapas finais do ensino fundamental, embora seja muito comum ouvir de professores que determinado procedimento de ensino não é de sua alçada e que o aluno será orientado sobre tal questão futuramente.

Para o desenvolvimento desse trabalho, o professor deve considerar o tempo e a forma de realização das atividades, assim como o trabalho em grupo e também individual e os materiais a serem utilizados.

Por fim, mas sem esgotar a discussão, a escola precisa de investimentos sistemáticos ao longo de toda a escolaridade do aluno para que a autonomia seja efetivamente alcançada.

A prática pedagógica também precisa ser orientada para a **diversidade**. Em outras palavras, é preciso atender as necessidades particulares de cada educando e considerar essa questão como elemento essencial para alcançar a qualidade de ensino e de aprendizagem tão desejada.

Isso significa que a escola precisa proporcionar condições de aprendizagem para todos, independentemente de questões sociais e culturais de cada aluno, assim como de questões como déficit sensorial, motor ou psíquico, ou ainda de superdotação intelectual (BRASIL, 1997).

Outro princípio didático que precisa ser observado, para a eficácia do desenvolvimento de competências e habilidades, é a interação e a **cooperação**. Para desenvolver essas questões, é fundamental que se criem situações de ensino-aprendizagem em que o aluno possa ouvir o outro, dialogar, aproveitar críticas etc., enfim, interagir com o outro e com instrumentos e também cooperar para a construção e produção de conhecimentos. É essencial que essas formas de agir sejam ensinadas e enfatizadas como forma de convívio social.

Sob essa perspectiva, o professor precisa criar um ambiente de ensino-aprendizagem em que aluno seja encorajado a manifestar-se, assegurando a participação de todos os envolvidos. Então, atividades que favoreçam a fala e a escrita precisam ser propostas com essa função. Vale ressaltar que a oralidade é sempre relegada a segundo plano na escola.

A escola precisa ter a consciência de que, ao trabalhar com a linguagem, é necessário desenvolver as quatro habilidades comunicativas: a fala, a escrita, a audição e a leitura. Dessas quatro habilidades, o ensino da escrita ocupa maior ênfase e sistematização.

Ao tomar a fala como objeto de ensino-aprendizagem, as habilidades de interação e cooperação podem ser desenvolvidas com muito mais ênfase. Para isso, sugerimos a didatização de práticas sociais de linguagem como debates, seminários, telejornal, teatro etc., pensando em atividades para serem desempenhadas tanto individual quanto coletivamente. Um trabalho sob essa perspectiva desenvolve tanto competências cognitivas quanto emocionais dos alunos.

Para que o projeto educativo seja desenvolvido, é necessário que haja *disponibilidade para a aprendizagem*. Isso guarda uma relação direta com a aprendizagem significativa, já discutida anteriormente, pois, para que a aprendizagem significativa aconteça, é preciso que o aluno envolva-se com a aprendizagem. Essa disponibilidade não se refere apenas à presença física, mas também à disponibilidade cognitiva. Em outras palavras, a aprendizagem significativa necessita de uma motivação intrínseca do aluno para que ela possa desenvolver-se. Por outro lado, a disposição para a aprendizagem também depende de uma didática que garanta e potencialize isso.

O nível de complexidade das tarefas escolares também influenciam nessa disponibilidade para a aprendizagem, de maneira que uma atividade muito fácil não gera interesse. Por outro lado, uma atividade muito difícil, em que as instruções e o objetivo da aprendizagem não tenham sido claros, contribui para a desmotivação e o desinteresse. Em resumo, os alunos precisam desenvolver atividades que sejam desafiadoras, mas que sejam organizadas e ajustadas às reais potencialidades deles e, ainda, em um ambiente favorável para o desenvolvimento de capacidades, com confiança, compromisso e responsabilidade.

Outro fator a ser considerado pelo professor, como princípio didático, é a **organização do tempo**, que se refere ao gerenciamento, pelo professor, das atividades de ensino-aprendizagem, sejam elas relacionadas às ações do professor ou do aluno, haja vista que essa variável interfere na construção da autonomia, já discutida anteriormente.

Então, o professor precisa criar situações nas quais os educandos possam controlar a realização de tarefas educacionais. Para isso, é interessante, por exemplo, que o professor atue como orientador de situações de ensino-aprendizagem, de modo que os alunos possam participar do planejamento e da execução do trabalho.

Isso não significa que o aluno tem total liberdade para definir o que e quando fazer. O professor precisa definir a atividade, a organização dos grupos, informar sobre os recursos a serem utilizados e o tempo de execução. A partir dessas orientações, cabe aos alunos a tomada de decisões para a elaboração da atividade.

Outro princípio didático refere-se à **organização do espaço**, que diz respeito à maneira como o professor organiza o espaço físico para as atividades pedagógicas em sala de aula e também fora dela, cuja organização influencia no desenvolvimento de competências nos alunos.

Essa organização reflete a concepção metodológica do professor, que pode favorecer o desenvolvimento da autonomia do aluno ou não. Por exemplo, é interessante que os alunos participem de todo o processo de organização do espaço para situações de aprendizagem, como decoração da sala e organização da exposição de trabalhos feitos. O espaço tratado dessa maneira potencializa situações de aprendizagem, o que precisa ser feito ao longo do percurso escolar do aluno.

Esse espaço de que tratamos não se restringe necessariamente à escola, mas também se refere a espaços externos, fora da sala de aula. É interessante que haja diversificação dos espaços para demonstrar, inclusive, a diversificação de práticas sociais.

Dessa maneira, então, chegamos ao último princípio didático, proposto no início desta seção. Refere-se à *seleção de material*, princípio que orienta à identificação e seleção de materiais didáticos diversificados. É importante que o professor faça uso de materiais diversificados, o que possibilita que os conteúdos sejam tratados de maneira ampla, contemplando também, desse modo, a diversidade de alunos em sala de aula.

O livro didático exerce uma forte influência na seleção de material pelo professor, entretanto, ele não deve ser o único material a ser utilizado em sala de aula. A utilização de materiais como jornais, revistas, folhetos, panfletos, propagandas, rádio, televisão, filmes, computadores, entre tantos outros, insere o aluno em práticas sociais reais e pode ser bastante motivador.

Todas essas questões didáticas apresentadas e discutidas podem auxiliar os educadores a desenvolver competências e habilidades em seus educandos, afinados com a educação de nosso tempo, e a influenciar positivamente na construção de saberes necessários para a vida social.

Glossário – Unidade 1

Autonomia – princípio que orienta a prática pedagógica e que precisa ser desenvolvido nos alunos; refere-se à capacidade de posicionar-se sobre algo, ter autonomia, ou seja, uma relação emancipada e que envolve aspectos intelectuais, morais, afetivos e sociopolíticos.

Avaliação – ação pedagógica que visa perceber o quanto os alunos dominam um objetivo de ensino específico. A partir da avaliação, o professor também pode ter a percepção sobre os métodos e estratégias utilizadas. O resultado da avaliação deve servir para reflexão sobre a ação pedagógica e (re)direcionar o trabalho em sala de aula.

Conhecimento cognitivo – está relacionado a modelos mentais, à forma como vemos o mundo, por exemplo. Por essa razão, torna-se difícil de ser processado ou transmitido.

Conhecimento explícito – é o conhecimento formal, sistematizado, representado por palavras, imagens, números e que, portanto, é facilmente comunicado e compartilhado.

Conhecimento tácito – é de caráter pessoal e emerge da experiência do sujeito, portanto, é o saber fazer pessoal, de difícil organização.

Conhecimento técnico – está relacionado à descrição de habilidades, por exemplo, para a realização de algo.

Cooperação – cooperação é um princípio que orienta a prática pedagógica, que visa criar situações de ensino-aprendizagem em que o aluno possa ouvir o outro, dialogar, aproveitar críticas, enfim, interagir com o outro e com instrumentos e também cooperar para a construção e produção de conhecimentos.

Diversidade – princípio que orienta a prática pedagógica e que busca atender às necessidades particulares de cada educando, e que considera essa questão como elemento essencial para alcançar a qualidade de ensino e de aprendizagem tão desejada.

Escola Nova – ver pedagogia renovada

Globalização – forma específica de relação entre Estados-Nação e a economia mundial, são interconexões entre nações, continentes ou regiões, criando-se interdependências em diversas áreas do saber como política, cultura, economia, tecnologia, entre outras.

Hardwork – fase do trabalho atribuída à sociedade agrícola, período considerado até o final da Idade Média, em cuja sociedade predominava a atividade laboral nos campos, de subsistência.

Mindwork – fase do trabalho atribuída à sociedade pós-industrial, caracterizada pelo trabalho intelectual, cuja matéria prima é o conhecimento e a comunicação, pelo imediatismo, um mundo de incertezas e de mudanças constantes de uma sociedade globalizada e em rede.

Objetivos – determinam os resultados que se pretende atingir. Eles podem ser gerais ou específicos.

Organização do espaço – princípio que orienta a prática pedagógica e que diz respeito à maneira como o professor organiza o espaço físico para as atividades pedagógicas em sala de aula e também fora dela. Sua organização influencia no desenvolvimento de competências nos alunos.

Organização do tempo – princípio que orienta a prática pedagógica e que se refere ao gerenciamento, pelo professor, das atividades de ensino-aprendizagem, sejam elas relacionadas às ações do professor ou do aluno.

Parâmetros Curriculares Nacionais – referem-se a um conjunto de orientações e referenciais didáticos, tanto gerais quanto específicos, elaborado pelo Estado, de âmbito nacional, em relação ao currículo escolar e formas de colocá-lo em movimento.

Pedagogia crítico-social – de caráter progressista, é aquela que está preocupada com a função transformadora da educação e, consequentemente, com a transformação social, a partir da compreensão da realidade, do mundo do trabalho, das relações sociais e de poder, buscando entender isso não como algo natural, mas construído culturalmente.

Pedagogia libertadora – põe em pauta discussões sobre temas sociais e políticos e ações sobre a realidade social imediata, com vistas à transformação da realidade.

Pedagogia renovada – propõe um modelo educacional em que o professor é o facilitador da aprendizagem e os conteúdos ganham significação, ou seja, o ensino passa a considerar o contexto em que os alunos estão inseridos, assim como seus interesses, o que traduz a expressão aprendizagem significativa.

Pedagogia tecnicista – inspirada na teoria behaviorista, define uma prática educacional altamente controlada e com atividades mecânicas e repetitivas, de modo semelhante ao que aconteceu com o trabalho no período pós revolução industrial.

Pedagogia tradicional – pressupõe o professor como o centro do processo de ensino-aprendizagem e o aluno como ser passivo, recebedor de conteúdos e sem independência cognitiva; o docente é o principal agente detentor e transmissor do conhecimento pronto e acabado.

Práticas sociais – manifestações que ocorrem na sociedade e que pautam o agir no e para o mundo. Essas práticas não são imutáveis, também não são inevitáveis, são formas de agir construídas historicamente.

Processo – conjunto de tarefas logicamente relacionadas e organizadas para atingir determinado fim.

Professor facilitador – profissional que percebe a importância do processo de aprendizagem como um recurso de aprender e, nesse processo, ele é o articulador dos conhecimentos gerados no grupo e o do conhecimento que ele quer construir nos alunos.

Recursos didáticos – recursos físicos presentes no ambiente de ensino-aprendizagem que estimulam e funcionam como instrumento tanto para o ensino quanto para a aprendizagem. Podem ser recursos didáticos livros, cd's, lousas, giz, equipamentos como computador, datashow, televisão, entre tantos outros.

Softwork – fase do trabalho atribuída à sociedade industrial, na qual o proprietário controlava os meios de produção e exercia influência de poder sobre seus funcionários.

UNIDADE 2
OS CIENTISTAS E SUAS TEORIAS DE ENSINO-APRENDIZAGEM

Capítulo 1 Apresentação, 34

Capítulo 2 Estimulação sensorial, 35

Capítulo 3 Mudança de comportamento, 37

Capítulo 4 Facilitação, 40

Capítulo 5 Andragogia, 43

Capítulo 6 Abordagem crítico-social dos conteúdos, 45

Capítulo 7 Múltiplas inteligências, 48

Glossário, 52

1. Apresentação

Nesta unidade, faremos uma sistematização de metodologias que promovem o desenvolvimento de competências nos educandos, partindo de contribuições de algumas tendências pedagógicas observadas em escolas brasileiras, sejam elas de caráter público ou privado, conforme discutido na Unidade 1.

Da pedagogia tradicional, consideramos que a escola é a instituição legitimada e responsável pela transmissão de saberes acumulados historicamente e que, portanto, esses conteúdos precisam fazer parte de ações pedagógicas planejadas. Pela escolanovista, consideramos os conhecimentos prévios e historicamente situados dos alunos e seu papel central no processo ensino-aprendizagem, além do fato de que os conteúdos devem ser significativos para os educandos, ao mesmo tempo em que o professor assume um papel de mediador da construção de conhecimentos e promotor da interação e cooperação entre alunos e também entre professor e aluno e aluno e professor. Das correntes pedagógicas de preocupação política e social, trazemos contribuições da pedagogia libertadora e crítico-social dos conteúdos, ao considerar o desenvolvimento da autonomia nos educandos em relação à capacidade de pensar, posicionar-se sobre algo e ter uma relação emancipada no que se refere à questões intelectuais, morais, afetivas e sociopolíticas. Também percebemos a escola como um instrumento de equalização de diferenças sociais, políticas e culturais e, portanto, um instrumento de lutas de classe e que, por essa razão, põe em debate a realidade que se apresenta a fim de promover transformação social a partir da transformação da educação.

Nesse trajeto, optamos por considerar os processos de aprendizagem relacionados com os de ensino, pois percebemos que a educação (ensino) e a aprendizagem estão inter-relacionadas, na medida em que estamos tratando de educação institucional e formal, cujas ações pedagógicas são conscientes, planejadas em termos de objetivos, conteúdos, método, recursos didáticos, tempo e avaliação.

Optamos também não por abordar estratégias que promovam o desenvolvimento de competências, como aprender a aprender, solução de problemas e estudos de casos, que não serão o foco principal da nossa discussão. Nossa opção é pela discussão de processos de ensino-aprendizagem a partir da estimulação sensorial, mudança de comportamento, facilitação, andragogia, crítica social dos conteúdos e o uso de múltiplas inteligências.

Esclarecidas essas escolhas metodológicas, iniciaremos a discussão partindo da pedagogia das competências.

2. Estimulação sensorial

A estimulação é uma maneira de promover o desenvolvimento global do sujeito, haja vista que é por meio dos sentidos que logo nos primeiros estágios de vida começamos a perceber o mundo que nos rodeia.

Até os 6 anos de idade, a criança passa por mudanças importantes que influenciam sua personalidade, assim como suas características estruturais, em relação à percepção do mundo e daqueles que o cercam. Por esses motivos, é importante que a criança esteja inserida em um ambiente estimulador que possa explorar e desenvolver suas necessidades e habilidades.

Esses estímulos não são fornecidos de maneira isolada, mas de forma integrada e sempre mediados por outro, que pode ser um adulto ou mesmo outra criança. Estímulos afetivos, físicos e cognitivos são proporcionados a todo instante, além do estímulo sensorial, foco de nosso estudo.

Quanto mais a criança participar de experiências afetivas, físicas e sociais, maiores serão suas chances de desenvolvimento da inteligência.

Em termos de ensino-aprendizagem, a **estimulação sensorial** é um recurso didático que visa a aprendizagem, oferecendo condições e meios para isso. Nessa abordagem didática, busca-se desenvolver no sujeito canais sensoriais de forma integrada, trabalhando a visão, a audição, o olfato, o tato, o paladar, o vestibular e o proprioceptivo.

A **integração sensorial** é um processo neurológico capaz de organizar as sensações do próprio corpo e do ambiente e que influência no uso das sensações de maneira eficiente na sociedade, o que implica dizer que a estimulação sensorial trata da relação entre cérebro e comportamento.

A estimulação sensorial permite ao cérebro organizar informações, de maneira a fornecer respostas adaptativas para situações concretas, ou seja, é uma forma de estimulação cognitiva (Ayres, 1974). Esse processamento sensorial é responsável por nossa interação social, para o desenvolvimento de nossas habilidades motoras, assim como para a atenção e a concentração.

Para a realização da estimulação sensorial, o professor pode planejar situações didáticas que explorem os sentidos da criança, como:

- *visão*: proporcionar experiências que explorem esse aspecto, como privilegiar brinquedos coloridos e contrastantes (vermelho e verde, branco e preto, amarelo e preto etc.);
- *audição*: proporcionar experiências que explorem o som e seus efeitos sonoros, como ouvir músicas de diferentes estilos, cantar, brincar com instrumentos musicais, contar histórias etc.;
- *olfato*: proporcionar experiências com diferentes odores e aromas, como provar alimentos com cheiros como líquidos, sólidos, salgados, doces etc.;
- *tato*: proporcionar experiências com objetos que apresentem diferentes texturas, como brincar com areia, massinha, terra, água, grama etc., e ainda prover brincadeiras que contemplem movimentos, como cabo de guerra, amassar, empurrar etc.;
- *paladar*: proporcionar experiências que explorem sabores diversos, como preparar e degustar alimentos doces e salgados, líquidos e pastosos etc.;
- *vestibular:* proporcionar experiências que explorem movimentos, orientação e equilíbrio, como correr, equilibrar em um pé só etc.;
- *proprioceptivo:* proporcionar experiências que explorem a posição do corpo como peso, pressão, tanto em situações estáticas quanto em movimento.

Disfunções de integração sensorial podem comprometer a aprendizagem da criança, de maneira que limitem as possibilidades de aprendizagem e, consequentemente, influenciem no fracasso escolar. **Disfunções de integração sensorial** são distúrbios ocorridos no sistema nervoso central, referentes ao mau processamento de estímulos sensoriais (Fisher, Murray, 1991).

No período inicial de desenvolvimento da criança, por exemplo, é fundamental que ela tenha experiências estimulativas, já que é nesse período que o cérebro tem seu maior desenvolvimento e a ausência de estímulos traz consequências negativas.

Nesse sentido, a participação da família é fundamental para potencializar o trabalho educacional desenvolvido pela educação formal. A família precisa ser orientada pela escola a respeito dos objetivos da estimulação e das consequências desse trabalho.

A estimulação sensorial é um recurso didático que visa também o trabalho com a diversidade, por proporcionar aprendizagem a sujeitos com capacidades cognitivas mais limitadas, sejam crianças, jovens ou adultos, portadores de lesões neurológicas, autismo, deficiência mental e outras patologias, ou mesmo sujeitos com ritmos de desenvolvimento diferenciados ou, ainda, crianças que não apresentam nenhum problema de aprendizagem.

A estimulação sensorial é uma ação pedagógica que visa o desenvolvimento da criança em seu aspecto global, pois ela tem o direito de aprender e a escola tem o dever de ensiná-la, considerando sua individualidade.

Ressaltamos que educadores da educação infantil têm manifestado uma percepção em criar uma identidade profissional relacionada entre o cuidar e o educar. Entretanto, os objetivos educacionais relacionados aos conteúdos acadêmicos, como o desenvolvimento de habilidades cognitivas e psicomotoras ocupam papel de destaque, contra os objetivos sociais, como desenvolvimento de independência, cooperação, respeito, entre outros, que muitas vezes são pautados em atitudes coercitivas dos educadores, conforme aponta Dias e Vasconcelos (1999).

3. Mudança de comportamento

Há uma estreita relação entre comportamento e educação e, por essa razão, o professor precisa estar atento ao comportamento de seus educandos.

Iniciaremos essa discussão partindo do conceito de competência social: **competência social** reflete o julgamento social sobre as atitudes individuais em determinado contexto (Silvares, 1999). Já as **habilidades sociais**, termo sempre relacionado a competências sociais, são um conjunto de comportamentos de determinado sujeito em um contexto específico, em que expressa atitudes, desejos, opiniões (Caballo, 1997). Dessa maneira, quanto mais habilidades sociais um sujeito possui, mais competente socialmente ele é.

Isso permite concluir que a habilidade que o educando possui em interagir com outros é extremamente importante em seu desenvolvimento, o que influencia de maneira direta na aprendizagem.

Desse modo, a ocorrência de comportamentos que modifiquem a qualidade das interações dos educandos pode gerar problemas adicionais, haja vista que altera o percurso de desenvolvimento de outros comportamentos.

Mudanças de comportamentos são naturais e esperadas de uma criança, mas é preciso estar atento ao significado dessas mudanças. Por isso, o professor deve ser um observador das questões comportamentais de seus educandos, assumindo isso como metodologia que permite o desenvolvimento de competências.

Diversos estudos já apontaram, por exemplo, a influência negativa da depressão infantil na aprendizagem de línguas ao reduzir significativamente o número de estratégias de aprendizagem para compreender um texto, por exemplo. Crianças com sintomas de depressão também demonstraram baixo rendimento na aprendizagem de matemática.

O professor, ao notar mudanças radicais de comportamentos em uma criança, precisa conversar com os pais ou responsáveis para tentar identificar se ocorreu algo que justifique tal comportamento. Esse trabalho deve ser feito sempre com muita cautela, por exemplo, comparando comportamentos anteriores com os apresentados em determinada situação.

Outro caso bastante comum em escolas públicas brasileiras diz respeito ao **comportamento antissocial**. Esse termo é usado para referir-se a todo comportamento que transgrida regras sociais e que afete negativamente os outros, como comportamentos agressivos e infratores, vandalismo, mentira, ausência escolar, sempre apresentados de maneira recorrente (GOMIDE, 2001).

Esses comportamentos são considerados **transtornos de conduta**, por violarem direitos básicos dos outros ou regras e normas sociais importantes relacionadas à idade da criança.

Esses transtornos de conduta, além de causarem dificuldade de aprendizagem ao aluno que os apresenta, também influenciam no ambiente de ensino-aprendizagem, a sala de aula e, consequentemente, a escola como um todo, visto que as relações interpessoais acontecem dentro de sala de aula e também fora dela.

PARA SABER MAIS! Recomendamos a leitura de uma pesquisa sobre comportamentos-problema na educação infantil, disponível em: <http://www.marilia.unesp.br/Home/Pos-Graduacao/Educacao/Dissertacoes/suetake_ns_ms_mar.pdf>. Acesso em: 7 abr. 2015.

Skinner (1974) aponta que as causas de determinados comportamentos residem fora do organismo, em seu ambiente imediato e em sua história social.

De acordo com Petterson et al. (1992), comportamentos antissociais são desencadeados por práticas educacionais efetivas dos pais, o que posteriormente leva ao fracasso escolar e à rejeição pelos colegas, o que, por consequência, aumenta o risco de depressão e o envolvimento de grupos considerados "rejeitados".

PARA SABER MAIS! Recomendamos a leitura de um artigo sobre comportamentos antissociais em crianças e seus impactos no desenvolvimento de competência social, disponível em: <http://www.scielo.mec.pt/pdf/psd/v3n2/v3n2a03.pdf>. Acesso em: 7 abr. 2015.

Fatores como pouco envolvimento positivo da família, com poucos recursos financeiros, nas atividades da criança, comportamentos antissociais de outros membros da família, desvantagens sociais e econômicas, geradores de estresses como desemprego, violência familiar, divórcio, entre outros, também desencadeiam transtornos de conduta.

Portanto, é importante o professor analisar a história de aprendizagem da criança, seja em contexto informal ou mesmo formal de educação e, então, verificar em que situações ocorrem comportamentos inadequados, do ponto de vista social.

Gostaríamos de, neste momento, recuperar uma discussão que fizemos em outro momento deste curso em relação à didática e todos os procedimentos pedagógicos do professor. Lembramos que isso pode influenciar, também, na mudança de comportamento dos alunos.

Logo, os sujeitos na relação ensino-aprendizagem não podem eximir-se de responsabilidades e, por isso, destacamos o papel da reflexão na ação e da ação como instrumento de questionamento ou validação de estratégias pedagógicas desenvolvidas em sala de aula.

Dessa maneira, uma mudança de comportamento do professor pode proporcionar também uma mudança de comportamento no aluno, já que comportamentos de professores e de alunos influenciam e são influenciados por todo o ambiente escolar e, consequentemente, influenciam no desenvolvimento de repertórios comportamentais e também de competências.

Por fim, mas sem intenção de encerrar essa discussão, é interessante que em alunos que apresentem mudanças de comportamentos, de adequado para inadequado, não sejam reforçados apenas os comportamentos inadequados, mas que os comportamentos considerados adequados também sejam reforçados. Em outras palavras, é necessário que os professores reforcem os comportamentos positivos do aluno, o que motiva as crianças a terem mais comportamentos adequados do que inadequados.

4. Facilitação

Ensinar e aprender refere-se a processos complexos e característicos do ser humano. Esses processos são social e historicamente construídos e envolvem saberes de diversas áreas do conhecimento. Partindo do princípio de que é o educador quem organiza todas as situações didáticas em sala de aula, esse profissional precisa ter conhecimentos articulados a respeito da sociedade, ser humano, educação, aluno, conhecimento e ciência, ou seja, temas que estão em constante debate neste curso.

Para pôr em ação esses processos complexos, o professor precisa ser um facilitador do processo ensino-aprendizagem e, para isso, criar condições favoráveis para a aprendizagem do aluno, considerando questões psicológicas, didáticas e materiais.

Professor facilitador é o profissional que organiza e coordena situações de ensino-aprendizagem, sistematizando princípios e recursos que facilitam o desenvolvimento de competências e, consequentemente, a apropriação do conhecimento e a interação entre professor e aluno, aluno e professor, aluno e aluno.

O professor facilitador precisa reconhecer o saber do grupo e suas experiências e também considerar que ele próprio, o facilitador, pode não ter passado pelas mesmas experiências que os seus alunos. O facilitador precisa colocar-se como parte de um processo de construção de saberes e que, portanto, busca a troca de experiências e reflexões que cada integrante traz ao grupo, inclusive as suas.

Além disso, é necessário que se estabeleça uma relação de confiança entre o professor facilitador e o grupo, para que o profissional tenha legitimação e reconhecimento de seu papel.

Nesse processo, o facilitador não é um transmissor de conhecimentos, mas um organizador e ao mesmo tempo um aprendiz. Em razão disso, a ação do professor precisa considerar dois recursos facilitadores da aprendizagem, de acordo com Ausubel e Robinson (1971): a aprendizagem substantivamente e a programaticamente.

O primeiro deles – **substantivamente** – refere-se à ordenação de representações e conceitos da disciplina que ensina, de maneira hierarquizada, considerando, nesse processo, que sua ação precisa contemplar aqueles alunos de maior capacidade de explanação, assim como aqueles de menor capacidade.

Outro recurso utilizado – **programaticamente** – é a organização lógica e sequencial dos conteúdos apresentados. Por esse motivo, na Unidade 1, propusemos uma metodologia de planejamento de aulas que considera esses recursos de facilitação aqui explanados.

Para que esses dois recursos sejam utilizados de maneira adequada, de acordo com Ausubel e Robinson (1971), o professor precisa também considerar dois princípios básicos: o princípio da diferenciação progressiva e o da reconciliação integrativa.

O **princípio da diferenciação progressiva** pressupõe que o conteúdo a ser ensinado e aprendido precisa partir de questões mais gerais, amplas, de modo que, progressivamente, apresentam-se os detalhes e as especificidades, ou seja, o desdobramento das questões gerais introduzidas.

Já o **princípio da reconciliação integrativa** refere-se à organização do material de ensino-aprendizagem, que deve ser feita de maneira que explore relações entre ideias, aponte similaridades e diferenças de posicionamentos e reconcilie discrepâncias reais ou aparentes.

Tomemos como exemplo uma aula de leitura. Dentro dessa concepção de facilitação da aprendizagem, o professor deve considerar que sua leitura não é a única a ser considerada, partindo do princípio de que leitura é um ato de significação individual em que se articula leitor, texto, autor e contexto.

Em uma leitura compartilhada, o professor pode partir, primeiramente, do título do texto, questionando os alunos sobre predições a respeito de possíveis conteúdos que o texto trará; em seguida, partir para o entendimento global do texto, do assunto tratado, não fornecendo respostas prontas, mas instigando os alunos a pensarem sobre o texto, fazendo perguntas, fornecendo pistas. Na sequência, pode discutir sobre os subtemas apontados pelo texto, sobre os posicionamentos apontados pelo autor, confrontar os posicionamentos do texto com os posicionamentos do aluno, podendo também demonstrar qual é o posicionamento do professor a respeito do tema, sempre seguindo a mesma estratégia de questionamento, mediador da situação didática.

Em resumo, o professor facilitador é o profissional que percebe a importância do processo de aprendizagem como um recurso de aprender e, nesse processo, ele é o articulador dos conhecimentos gerados no grupo e do conhecimento que ele quer construir nos alunos. Então, esse professor precisa ser coerente, gentil, educado e um bom ouvinte, para que seja capaz de perceber os conhecimentos produzidos no grupo e articulá-los. O professor facilitador não é aquele que facilita no sentido de tornar fácil, que tira a complexidade dos conteúdos que ensina, mas aquele que estimula e orienta, fornece pistas e ajuda o aluno no processo do aprender, considerando, inclusive, toda a complexidade existente naquilo que se deseja ensinar.

5. Andragogia

Andragogia é uma palavra originada do grego, que significa: *andros* (adulto) e*gogos* (educar) e, portanto, educação de adultos.

Andragogia é a arte e a ciência que visa auxiliar na educação de adultos e compreender o processo de aprendizagem desses sujeitos (Knowles, 1976). Para essa compreensão, ela debruça-se sobre os aspectos psicológicos, biológicos e sociais.

Os aspectos psicológicos referem-se às maneiras como esses sujeitos aprendem, apropriam-se do conhecimento, proveniente da experiência humana. Os aspectos biológicos buscam compreender as influências das questões físicas e biológicas na aprendizagem de adultos. Já os aspectos sociais referem-se às influências do meio social na aprendizagem desses sujeitos.

É bastante comum encontrarmos na literatura abordagens comparativas entre andragogia e pedagogia. Andragogia refere-se ao ensino específico de adultos, enquanto a pedagogia refere-se ao ensino de crianças. Esse conceito de pedagogia já foi superado e, atualmente, pedagogia é considerada um conjunto de saberes cuja função é a educação de sujeitos, um fenômeno tipicamente social e especificamente humano.

Sobre essa questão, vale retomar as discussões sobre concepções de ensino e aprendizagem já desenvolvidas ao longo deste curso, no sentido de esclarecer que a andragogia guarda uma semelhança muito próxima da pedagogia progressista, transformadora, ou seja, aquela em que o aluno é o centro do processo ensino-aprendizagem, um ser histórico e social, com conhecimentos prévios que ajudam na construção de saberes novos.

Retomadas essas questões, a andragogia tem como princípios, com base em Nogueira (2004):

- necessidade dos adultos de saber a finalidade do que se aprende, a aplicação prática dessa aprendizagem e, por isso, há a necessidade de contextualizar a importância do aprendizado para os objetos de ensino-aprendizagem selecionados para esse fim;

- consideração dos adultos como seres históricos e sociais e, portanto, com experiências adquiridas via educação informal e que, em razão disso, possuem facilidade de aprender pela experiência, característica que deve ser explorada pelas situações didáticas planejadas;

- percepção desses sujeitos sobre aprendizagem como resolução de problemas;

- motivação intrínseca a esses sujeitos quanto aos conteúdos aprendidos para aplicação imediata;

- conhecimentos prévios dos adultos como recurso para a construção de novos saberes, característica que deve ser potencializada pelas situações didáticas, a partir da interação e colaboração entre alunos, aluno e professor e professor e aluno.

Esses princípios orientam a metodologia de ensino-aprendizagem a ser adotada pelo professor, que, em geral, deve ser voltada para a participação ativa desses alunos nas situações de aprendizagem, com vistas ao atendimento das necessidades tanto coletiva (do grupo com quem se trabalha) quanto individual. Sob essa perspectiva, na educação de adultos, o foco deve estar no processo de aprendizagem e não nos conteúdos a serem ensinados.

Outro aspecto importante a ser considerado na educação de adultos, de acordo com Pazin Filho (2007), refere-se à avaliação, o que permite dizer que os adultos têm uma grande necessidade de saber se estão certos ou errados no processo de aprendizagem, para sentirem-se mais seguros e confiantes no percurso que seguem.

Muitas vezes, a figura do professor pode ser ameaçadora, embora já tenhamos desmitificado essa questão nesta seção, ao advogar que o professor precisa criar um ambiente de colaboração, interação e respeito e não de ameaça, em razão até do papel social que ele desempenha, o que pode impor ao aluno algum receio em perguntar, pedir *feedback* sobre seu desempenho. Lembramos que a colaboração de outro aluno também pode suprir essa necessidade do adulto, como forma de validação daquilo que ele desempenha, elabora. A correção confere segurança e torna a aprendizagem menos ameaçadora para alunos adultos.

Além da questão do aluno a ser considerada na abordagem didática, baseada na andragogia, o professor assume o papel de um facilitador, nos termos discutidos na seção 2.4, que, em geral, precisa reconhecer os saberes do grupo para quem ensina, organizar e coordenar situações de ensino-aprendizagem em que atua como mediador dos saberes dos participantes e dos saberes que se quer que sejam aprendidos. Além disso, precisa criar um ambiente de respeito, colaboração e confiança, para que os alunos sintam-se confiantes em participar das aulas, sem receios ou medos de constrangerem-se diante do erro.

Esses sentimentos de adultos em ambiente formal de aprendizagem são até contraditórios, haja vista o desejo e a necessidade que eles têm de compartilhar experiências e estabelecer relação entre o que se aprende e alguma situação que vivenciou. Entretanto, têm medo de expor-se de maneira inadequada ou inoportuna.

Nesse respeito, o professor precisa ter muito cuidado com a forma como media situações de ensino-aprendizagem, no sentido de não constranger nenhum aluno adulto, para não desmotivá-lo a continuar participando e, além disso, ao ter uma atitude ríspida, rude, pode também desmotivar outros alunos, transmitindo uma mensagem que indicaria que qualquer outro que se expuser será tratado da mesma maneira.

PARA SABER MAIS! Recomendamos a leitura do artigo de Pazin Filho (2007), que trata das características do aprendizado de adultos, indicado na bibliografia desta unidade e disponível em: <http://revista.fmrp.usp.br/2007/vol40n1/2_caracteristicas_do_aprendizado_do_adulto.pdf>. Acesso em: 8 abr. 2015.

Para finalizar, gostaríamos de abordar a questão do erro no ensino-aprendizagem. O erro não deve ser visto como uma punição, fonte de castigo sobre algo que o aluno não sabe, ao contrário, deve ser visto como oportunidade de aprendizagem em que o professor identifica o que o educando não sabe para, então, reconstruir o conhecimento partindo do erro, daquilo que ele não demonstrou competência.

6. Abordagem crítico-social dos conteúdos

Entre as concepções pedagógicas de preocupação políticas e sociais está a abordagem crítico-social dos conteúdos.

A **pedagogia crítico-social dos conteúdos**, assim como a pedagogia libertadora e libertária, traz uma visão progressista de educação, pois está preocupada com a função transformadora do educar e, consequentemente, com a transformação social, a partir da compreensão da realidade, do mundo do trabalho, das relações sociais e de poder, buscando entender isso não como algo natural, mas construído culturalmente.

Nessa concepção, a escola é parte integrante da sociedade e a difusão de conteúdos culturais universais é sua tarefa. Além disso, a escola é o instrumento de apropriação do saber e de preparação do aluno para a vida adulta e, por essa razão, seus métodos são desenvolvidos a partir da experiência do aluno.

Então, para a escola servir aos interesses populares, ela precisa ser capaz de proporcionar a todos os saberes básicos e necessários para o exercício da vida em sociedade. Dessa forma, a escola é mediadora de práticas sociais globais de forma sistematizada. Essas práticas sociais não são conteúdos abstratos, deslocados do tempo e do espaço, mas relacionados a eles. A escola, portanto, é uma instituição a serviço dos interesses populares, em razão de ser instrumento de apropriação de saberes.

A pedagogia crítico-social dos conteúdos compreende os objetos de ensino como relativamente objetivos, ao mesmo tempo em que aborda esses objetos a partir de um posicionamento crítico, sempre considerando o aluno como o centro desse processo, de modo que esses conteúdos sejam de seu interesse.

Para Libâneo (2002), a pedagogia crítico-social dos conteúdos desenvolve os seguintes métodos para o desenvolvimento de competências e saberes: métodos ativos, métodos ativos individualizados, métodos ativos socializados e métodos ativos mistos.

Os **métodos ativos** referem-se à integração do aluno em todas as situações didáticas de sala de aula. Já que a escola é o meio pelo qual o aluno prepara-se para o mundo adulto, é coerente, então, que o aluno esteja no centro de todo o processo de ensino-aprendizagem, sempre relacionado ao conteúdo de ensino.

Os **métodos ativos individualizados** consideram o aluno como o centro do processo de ensino-aprendizagem, como sujeito ativo e participante. Entretanto, considera também questões individuais do aluno, suas dificuldades e facilidades de aprendizagem, de modo que o currículo escolar e o ensino adequem-se a esse aluno.

Os **métodos ativos socializados** são métodos desenvolvidos em sala de aula, pelo professor, que consideram os conhecimentos prévios dos educandos para que novos saberes sejam construídos a partir desse conhecimento histórico individual, mas também coletivo. O professor busca associar os saberes que desejam que sejam construídos com experiências de vida dos educandos, realizando uma associação de ideias. Vale ressaltar que novos saberes apoiam-se em estrutura cognitiva já existente e, caso o aluno ainda não disponha dessa estrutura, cabe ao professor provê-la.

Os **métodos ativos mistos** articulam tanto os métodos individualizados quanto os socializados, ou seja, o ensino atende às necessidades tanto individuais quanto gerais do educando. Esse métodos integram a socialização e também a globalização.

Para o desenvolvimento desses métodos, é fundamental que o professor tenha uma atitude colaborativa diante de seus alunos, a partir de uma proposta interativa que articula conteúdos e realidade sociais, assim como aluno e aluno, professor e aluno e aluno e professor.

Em resumo, o que define a pedagogia crítico-social dos conteúdos é a consciência da importância de conhecimentos culturais básicos, significativos e relevantes, acumulados pela humanidade, cujos conhecimentos precisam ser apropriados pelos alunos para que eles sejam capazes de viver em sociedade. Além disso, tais conhecimentos precisam ser contextualizados no tempo e no espaço e devem ser tomados de forma crítica frente à realidade construída.

Para finalizar esta seção, propomos aos educadores uma reflexão a respeito da abordagem aqui apresentada, em relação à pedagogia crítico-social dos conteúdos, em razão da necessidade de trazer para a sala de aulas práticas sociais e que essas práticas sejam contextualizadas no tempo e no espaço, de maneira crítica, para que o aluno perceba a realidade e não a reproduza simplesmente, sem um olhar crítico.

Conforme afirmam Leite, Barbosa e Azevedo (2011), a pedagogia crítico-social dos conteúdos ainda tem uma presença muito pequena em sala de aula nos anos iniciais do ensino fundamental, de modo que o tecnicismo ainda faz-se presente e de maneira bastante acentuada, propondo uma metodologia tradicional e que se contrapõe ao que foi discutido nesta seção. Valoriza-se, assim, modelos pré-estabelecidos, como a transmissão de conteúdos descontextualizados da realidade dos alunos e o emprego de exercícios de fixação e memorização, sem a participação ativa do aluno em sala de aula.

PARA SABER MAIS! Recomendamos a leitura do artigo de Leite, Barbosa e Azevedo (2011), indicado nas referências bibliográficas, que trata da questão da pedagogia crítico-social dos conteúdos nos primeiros anos do ensino fundamental, disponível em: <http://faef.revista.inf.br/imagens_arquivos/arquivos_destaque/6q6M901dVdD0d-jj_2013-7-10-14-40-46.pdf>. Acesso em: 9 abr. 2015.

7. Múltiplas inteligências

No Brasil, essa teoria é comumente conhecida como inteligências múltiplas. A partir dos estudos de Gardner (1994), constatou-se que o cérebro humano possui oito tipos de inteligências, entretanto, apenas duas delas são desenvolvidas. De acordo com o autor, são raríssimas as situações em que o indivíduo desenvolve diversas delas, ao passo que também é raro um indivíduo que não desenvolva nenhuma inteligência

Essas **múltiplas inteligências** são resultados do inatismo, ou seja, as pessoas já nascem com elas, trazem essas inteligências na genética humana. No entanto, elas também podem ser desenvolvidas a partir das experiências proporcionadas por estímulos e pelo ambiente social em que o sujeito está inserido.

Isso implica dizer que os estímulos e o ambiente são importantes no desenvolvimento de múltiplas inteligências. Por exemplo, se determinada pessoa nasce com inteligência musical, mas o ambiente em que ela está inserida (família, escola, amigos, lugar onde mora etc.) não estimula o desenvolvimento dessas capacidades, dificilmente essa pessoa será musical.

As inteligências, com base em Gardner (1994), são:

- *lógico-matemática*: É uma capacidade associada ao pensamento científico, e pessoas com essa inteligência têm facilidade em explicar a realidade utilizando-se de fórmulas e números.
- *linguística:* forma de inteligência relacionada ao uso da linguagem para comunicação e expressão, tanto na modalidade oral quanto na escrita. Pessoas com esse tipo de inteligência são ótimos comunicadores, em razão do uso criativo da palavra, e ainda possuem uma excelente capacidade para o aprendizado de idiomas;
- *corporal-cinestésica:* forma de inteligência relacionada ao uso do corpo como forma de expressão, seja em modalidades artísticas ou esportivas. Por exemplo, a ex-ginasta Daiane dos Santos possui excelente inteligência corporal;

- *Naturalista:* forma de inteligência relacionada à compreensão dos fenômenos da natureza – físicos, climáticos, astronômicos e químicos. Por exemplo, o paisagista Burle Marx é considerado uma pessoa de inteligência naturalista muito bem desenvolvida;

- *intrapessoal:* forma de inteligência relacionada à capacidade de autoconhecimento. Pessoas com essa inteligência tomam atitudes capazes de melhorar sua vida baseadas nesses conhecimentos;

- *interpessoal:* forma de inteligência referente ao relacionamento entre pessoas. Pessoas com essa inteligência desenvolvida costumam ser ótimos líderes e trabalham muito facilmente em equipe, como professores que usam as habilidades pessoais para compreender as reações do outro;

- *espacial:* forma de inteligência relacionada à interpretação e reconhecimento de fenômenos referentes a movimentos e posicionamentos de objetos. Por exemplo, Pelé é considerado uma pessoa com esse tipo de inteligência, pois era muito habilidoso na observação, análise e atuação com a bola de futebol em movimento;

- *musical:* forma de inteligência relacionada à interpretação e produção de sons, utilizando-se de instrumentos musicais. Por exemplo, Caetano Veloso é considerado uma pessoa de excelente inteligência musical. Muitas pessoas possuem essa inteligência sem a terem desenvolvido a partir de uma educação formal.

Essas são as inteligências categorizadas pelo autor, mas é possível que hajam outras inteligências que podem ser inatas ou desenvolvidas, a partir de estímulos e do contexto (social e escolar), pelo ser humano.

Essas inteligências são combinadas de forma única em cada sujeito, de maneira que se torna impossível sua padronização, ou seja, a combinação dessas inteligências ocorre de maneira muito particular, pois estão relacionadas à estrutura cerebral de cada um. Portanto, para Gardner (1994), por exemplo, essas inteligências entram em operação de forma combinada, pois seria difícil resolver um problema matemático sem utilizar habilidades linguísticas e espaciais.

Diante dessa exposição, o professor pode observar seus alunos e, então, perceberá que há alguns que preferem escrever, outros gostam de desenhar, outros, ainda, preferem trabalhar com dramatização e assim por diante.

Isso permite concluir que as pessoas têm diferentes aptidões e preferem representar a realidade com base nessas inteligências. Seria correto, nesse sentido, identificar qual é o mais inteligente? Não, visto que não existe apenas uma única inteligência, uniforme e igual para todos, mas uma multiplicidade de inteligências.

Para a educação, é um desafio compreender as diferenças no perfil intelectual dos educandos a fim de poder desenvolver essas inteligências.

As contribuições da teoria das múltiplas inteligências para a educação vão desde o planejamento curricular ao tratamento didático dado pelo professor em relação aos conteúdos de ensino-aprendizagem, passando, portanto, pelo planejamento de curso e também pelo planejamento de suas aulas, assim como da concepção de avaliação.

A ideia de avaliação classificatória apenas contrasta com as orientações de que a escola precisa criar condições para o desenvolvimento de competências a todos, servir como instrumento popular, democrático.

Então, o professor precisa criar diversas situações de ensino-aprendizagem que proporcionem aos alunos o desenvolvimento de múltiplas inteligências, de maneira que o aluno possa representar a realidade a partir de dimensões diferenciadas, por exemplo, que os alunos possam representar um objeto a partir da mobilização das múltiplas inteligências e das habilidades abaixo demonstradas, com base em Smole (1999):

Abordagem de ensino-aprendizagem baseada nas múltiplas inteligências

Inteligência	Habilidade
Linguística	Ler, escrever, ouvir, falar.
Lógico-matemática	Calcular, resolver problemas, concluir, explicar, argumentar, utilizar estruturas lógicas etc.
Espacial	Apreciar figuras, indicar percursos, ler e interpretar gráficos, tabelas, quadros, plantas, croquis, construir maquetes etc.
Musical	Ser sensível à entonação, ouvir música, reconhecer, discutir e interpretar diferentes gêneros musicais, cantar etc.
Corporal-cinestésica	Perceber e controlar o próprio corpo, sincronizar movimentos, manipular materiais ou movimentos corporais, dramatizar etc.
Interpessoal	Comunicar e relacionar-se bem, manipular opiniões, apreciar atividades em grupo, cooperar, perceber as intenções e motivações do outro, adaptar-se a novos ambientes etc.
Intrapessoal	Ser consciente dos seus sentimentos, ter senso do eu, trabalhar de modo independente, ter motivações próprias, ter consciência de seus limites e possibilidades etc.

Essa abordagem do professor permite ao aluno desenvolver potencialidades das inteligências múltiplas assim como proporcionar formas diferenciadas de demonstrar a apropriação do conhecimento.

O tratamento dos conteúdos escolares pelo professor também deve ser de maneira diversificada, que não seja apenas aula expositiva, mas que se utilize de recursos de multimídia, de textos escritos, de imagens, de textos oralizados, exposições realizada pelos alunos nas modalidades oral, escrita, por meio de infográficos, desenhos, entre outros. Um trabalho que contemple essa perspectiva considera que não há apenas um meio de aprender, mas vários.

> *PARA SABER MAIS!* Recomendamos a leitura da obra *Múltiplas inteligências na prática escolar*, de autoria do Ministério da Educação, disponível em: <http://www.sema.edu.br/editor/fama/livros/educacao/DIDATICA/M%C3%9ALTIPLAS%20INTELIG%C3%8ANCIAS%20NA%20PR%C3%81TICA%20ESCOLAR.pdf>.

Na avaliação, por exemplo, em que o professor utiliza somente o instrumento de prova escrita, ele retira do aluno a possibilidade de demonstrar conhecimento utilizando outras formas de inteligência. Não advogamos que o professor não possa fazer uso da avaliação escrita, mas que ela não seja apenas classificatória e, também, não seja o único instrumento avaliativo.

Para concluir, os professores em ação na sala de aula utilizam-se de muitos elementos pedagógicos para desenvolver habilidades e competências diversas, baseados no projeto político pedagógico da instituição, no seu plano de curso e também no seu plano de aulas. A prática docente alterna-se entre as diferentes tendências pedagógicas discutidas nesta unidade, formando um verdadeiro mosaico no que se refere à atuação didática.

É importante que o educador tenha conhecimento dessas práticas pedagógicas sugeridas na discussão realizada ao longo deste curso para que ele possa fazer escolhas adequadas e conscientes da maneira mais eficaz para proporcionar o desenvolvimento de competências e a apropriação de saberes, a fim de que a escola finalmente alcance seu objetivo mais geral, o de formar cidadãos críticos capazes de transformar a realidade social.

Glossário – Unidade 2

Andragogia – é a arte e a ciência que visa a auxiliar na educação de adultos e a compreender o processo de aprendizagem desses sujeitos.

Competência social – reflete o julgamento social sobre as atitudes individuais em determinado contexto.

Comportamento antissocial – termo designado para referir-se a todo comportamento que transgrida regras sociais e que afete negativamente os outros, como comportamentos agressivos e infratores, vandalismo, mentira e ausência escolar recorrentes.

Disfunções de integração sensorial – distúrbios ocorridos no sistema nervoso central, referentes ao mal processamento de estítumos sensoriais.

Estimulação sensorial – recurso didático que visa a aprendizagem, oferecendo condições e meios para isso. Nessa abordagem didática, busca desenvolver no sujeito canais sensoriais de forma integrada, trabalhando a visão, a audição, o olfato, o tato, o paladar, o vestibular e o proprioceptivo.

Habilidades sociais – termo sempre relacionado à competências sociais, são um conjunto de comportamentos de determinado sujeito em um contexto específico, em que expressa atitudes, desejos, opiniões.

Integração sensorial – processo neurológico capaz de organizar as sensações do próprio corpo e do ambiente e que influencia no uso das sensações de maneira eficiente na sociedade, o que implica dizer que a estimulação sensorial trata da relação entre cérebro e comportamento.

Métodos ativos – técnicas de ensino para o desenvolvimento de competências que se referem à integração do aluno em todas as situações didáticas de sala de aula.

Métodos ativos individualizados – técnicas de ensino para o desenvolvimento de competências que consideram o aluno como o centro do processo ensino-aprendizagem, como sujeitos ativos e participantes. Entretanto, consideram também questões individuais do aluno, suas dificuldades e facilidades de aprendizagem, de modo que o currículo escolar e o ensino adequem-se a esse aluno.

Métodos ativos mistos – técnicas de ensino para o desenvolvimento de competências que articulam tanto os métodos individualizados quanto os socializados, ou seja, o ensino atende às necessidades tanto individuais quanto gerais do educando. Esse métodos integram a socialização e também a globalização.

Métodos ativos socializados – técnicas de ensino para o desenvolvimento de competências em sala de aula, pelo professor, e que consideram os conhecimentos prévios dos educandos para que novos saberes sejam construídos a partir desse conhecimento histórico individual mas também coletivo.

Múltiplas inteligências – resultados do inatismo, ou seja, as pessoas já nascem com elas, trazem essas inteligências na genética humana. No entanto, elas também podem ser desenvolvidas a partir das experiências proporcionadas por estímulos e pelo ambiente social em que o sujeito está inserido.

Pedagogia crítico-social dos conteúdos – traz uma visão progressista de educação, pois está preocupada com a função transformadora do educar e, consequentemente, com a transformação social, a partir da compreensão da realidade, do mundo do trabalho, das relações sociais e de poder, buscando entender isso não como algo natural, mas construído culturalmente.

Princípio da diferenciação progressiva – pressupõe que o conteúdo a ser ensinado e aprendido precisa partir de questões mais gerais, amplas, de modo que, progressivamente, apresentam-se os detalhes e as especificidades, ou seja, o desdobramento das questões gerais introduzidas.

Princípio da reconciliação integrativa – refere-se à organização do material de ensino-aprendizagem, que deve ser feita de maneira a explorar as relações entre ideias, apontar similaridades e diferenças de posicionamentos e reconciliar discrepâncias reais ou aparentes.

Professor facilitador – profissional que organiza e coordena situações de ensino-aprendizagem, sistematizando princípios e recursos que facilitam o desenvolvimento de competências e, consequentemente, a apropriação do conhecimento e a interação entre professor e aluno, aluno e professor, e aluno e aluno.

Programaticamente – recurso facilitador da aprendizagem que se refere à organização lógica e sequencial dos conteúdos apresentados.

Substantivamente – recurso facilitador da aprendizagem que se refere à ordenação de representações e conceitos da disciplina que ensina, de maneira hierarquizada, considerando, nesse processo, que sua ação precisa contemplar aqueles alunos de maior capacidade de explanação, assim como aqueles de menor capacidade.

Transtornos de conduta – comportamentos que violam direitos básicos dos outros ou regras e normas sociais importantes relacionadas à idade.

UNIDADE 3
CONSTRUÇÃO DE COMPETÊNCIAS PARA DIFERENTES SITUAÇÕES EMPRESARIAIS

Capítulo 1 Apresentação, 56

Capítulo 2 Competência, habilidade e o ambiente corporativo, 57

Capítulo 3 Pedagogia das competências, 60

Capítulo 4 Identificação e desenvolvimento de competências em e para ambientes corporativos, 62

Capítulo 5 Competência interpessoal, 68

Capítulo 6 Competência técnica, 70

Glossário, 73

1. Apresentação

O pedagogo, de acordo com a classificação brasileira de ocupações, elaborada pelo Ministério do Trabalho e do Emprego (MTE), é o profissional que planeja, implementa, avalia e coordena projetos pedagógicos tanto nas modalidades de ensino presencial como a distância, com a utilização de metodologias que facilitam o processo ensino-aprendizagem.

Além dessas funções, esse profissional atua também em cursos acadêmicos e/ou corporativos em todos os níveis, para atender tanto às necessidades dos alunos como também das instituições (sejam elas escolares, corporativas, ONG's ou outras), acompanhando e avaliando processos educacionais. Ele também viabiliza o trabalho coletivo e organiza projetos educacionais (escolares, corporativos ou outros), de modo que promova a facilitação do processo comunicativo entre comunidade escolar e instituições a ela vinculadas, que podem ser, inclusive, uma empresa.

O pedagogo na empresa atua em parceria com a área de gestão de pessoas, articulando conhecimentos como comportamento organizacional, comunicação interpessoal, motivação, ética das relações de trabalho, liderança, desenvolvimento de equipes, entre outros, na função de formação de capital humano alinhado com missão, visão e valores da empresa. Essa amplitude de atuação, que considera, como vimos, o ambiente corporativo, é uma das justificativas para abordarmos a construção de competências para diferentes situações empresariais, sejam essas competências desenvolvidas nas próprias corporações ou em instituições de ensino, com ou sem vínculo com empresas.

Pensando nessas questões, o percurso que seguiremos nesta unidade inicia-se com a abordagem do conceito de competência e habilidade, para, em seguida, discutirmos as contribuições da pedagogia das competências e, finalmente, tratarmos de questões relacionadas ao desenvolvimento das competências interpessoais e técnicas.

2. Competência, habilidade e o ambiente corporativo

A competência é um tema que, atualmente, tem recebido atenção, tanto nos meios acadêmicos quanto empresariais, embora essa discussão tenha emergido para o debate na década de 70 do século passado.

Competência diz respeito a conhecimentos suficientes para a realização de determinada atividade, corresponde a um saber fazer reconhecido que implica a mobilização e utilização de conhecimentos, habilidades e atitudes e que agrega valor econômico às organizações e valor social para o sujeito, trabalhador.

Fleury & Fleury (2001) identificam as seguintes características em relação às competências para o profissional: saber agir, saber mobilizar recursos, saber comunicar, saber aprender, saber engajar-se e comprometer-se, saber assumir responsabilidades e ter visão estratégica.

Distancia-se de aptidão (percebida como talento natural da pessoa) e aproxima-se de habilidades, haja vista que habilidade refere-se à demonstração de um conhecimento particular (Mirabile, 1997). **Habilidades**, então, são conhecimentos específicos que compõem um conjunto de conhecimentos necessários para a realização de uma determinada tarefa. Esse conjunto de conhecimentos, habilidades e atitudes é denominado de competência.

Essa abordagem de ensino-aprendizagem mantém uma relação muito próxima com o construtivismo, de maneira que as situações de aprendizagem precisam ser experienciadas pelos educandos, com abordagem de múltiplas interpretações da realidade e em que seja privilegiado o processo de construção do conhecimento. Nesse cenário, situações-problema fornecem meios para o desenvolvimento de competências e habilidades, além de superarem obstáculos e estimularem a atividade cognitiva.

A competência está relacionada à tarefa e, de maneira específica, a um conjunto de tarefas relacionadas a um cargo exercido por um indivíduo em uma organização.

Na introdução desta unidade, apresentamos uma descrição das competências do pedagogo, proposta pelo Ministério do Trabalho e Emprego. Algumas das habilidades desse profissional foram mencionadas naquela ocasião, o que exemplifica a dimensão de saberes que esse profissional precisa mobilizar para a realização de suas atividades profissionais.

A competência também está relacionada à pessoa, sua formação educacional e suas experiências profissionais. Isso justifica o porquê de tantas organizações buscarem assiduamente por profissionais com combinações de capacidades complexas, ou, ainda, buscarem desenvolvê-las, elas mesmas, nos indivíduos e, para isso, a atuação do pedagogo é um fator de sucesso.

ATENÇÃO! A título de exemplo de competência, podemos mencionar a atividade do educador. Ser educador está relacionado a uma série de habilidades específicas como conhecer métodos de ensino e de aprendizagem, utilizar recursos diversos em sala de aula, elaborar atividades educacionais, entre tantas outras. Esse conjunto de habilidades é o que caracteriza as competências de um educador.

Esse cenário aponta desafios educacionais tanto para a educação institucionalizada e formal (em termos de currículo e metodologias e abordagens de ensino, o que guarda relação muito próxima com outras questões contemporâneas como aprender a aprender e resolução de problemas, amplamente abordadas por currículos escolares como também desenvolvidas em educação corporativa) quanto para instituições de educação não formal.

A aprendizagem via educação não-formal, muitas vezes, vai ao encontro de competências e habilidades necessárias para o mercado de trabalho, muito especificamente, em relação aos empregadores. Em uma economia cada vez mais globalizada, integrada e complexa, o mercado corporativo busca cada vez mais profissionais multiculturais, que resolvam problemas muito específicos e, muitas vezes, a educação formal não consegue desenvolver tal competência por diversas razões. A educação não-formal, por exemplo, desenvolvida em contextos empresariais, busca preencher essa lacuna.

A **educação corporativa** nasce de programas de treinamento e desenvolvimento, desenvolvidos no início do século XX, cuja concepção imaginava existir uma única maneira de realizar uma tarefa, então essa técnica estava relacionada ao ensino de manuseio de máquinas e equipamentos (Cruz,

2008). Todavia, a sociedade do conhecimento e a dificuldade de criação de fronteiras, sejam econômicas, culturais, políticas etc., exigem um profissional com características mais amplas e cada vez mais intelectualizadas e com atualização constante. A educação corporativa visa suprir parte dessa demanda.

Dentro desse cenário, a formação contínua do profissional passou a ser absolutamente necessária, em razão da dinâmica do conhecimento.

Essa modalidade de educação é também conhecida como universidade corporativa, cujos objetivos são alinhar a educação dos colaboradores de uma organização à sua especificidade de negócio e, consequentemente, ampliar o desenvolvimento e crescimento da empresa. Dessa maneira, a aprendizagem organizacional configura-se como instrumento para vantagem competitiva. A **universidade corporativa** refere-se aos espaços internos empresariais, direcionados para a educação de seu corpo de funcionários, com vistas ao seu modelo de negócio e conhecimentos específicos.

Muitas empresas dialogam com universidades na intenção de buscar conhecimento necessário para alavancar ou dinamizar seus negócios, entretanto, muitas vezes, esbarram na velha dicotomia teoria e prática ou, ainda, em questões burocráticas. Diante disso, a educação corporativa busca atender a objetivos mais específicos em relação a determinado conhecimento e, para isso, os líderes desse processo acabam sendo os multiplicadores do conhecimento dentro das instituições.

De acordo com Meister (1999), há sete competências fundamentais no ambiente de negócios e que melhoram substancialmente a empregabilidade do sujeito:

Competências fundamentais no ambiente de negócios
1- Aprendendo a aprender
2- Comunicação e colaboração
3- Raciocínio criativo e resolução de problemas
4- Conhecimento tecnológico
5- Conhecimento de negócios globais
6- Desenvolvimento de lideranças
7- Autogerenciamento de carreiras

É importante chamarmos a atenção para essas competências, em razão de termos abordado todas elas ao longo deste curso (seja de modo implícito ou explícito), mas sob o enfoque da educação formal.

A identificação dessas competências fundamentais é um ponto de partida tanto para as instituições educativas de âmbito profissional quanto para a educação corporativa, de modo que é possível pensar em um conjunto de conteúdos gerais de que as organizações necessitam e que, associados a outros conteúdos específicos, que devem ser identificados a partir de uma análise de necessidades específica, compõem o conteúdo programático de um curso.

A educação corporativa, é uma forma de educação não-formal que, além dessas competências, busca também desenvolver outras, mais alinhadas com um tipo de negócio específico, o que nos permite concluir que parte da necessidade de proporcionar esse aprendizado é em decorrência da ineficiência do Estado em formar sujeitos aptos para o desenvolvimento de atividades alinhadas com a sociedade do conhecimento. A outra parte está relacionada a um conhecimento muito particular, que é a necessidade de instituição ou instituições específicas e, portanto, elas mesmas devem promover esse conhecimento.

3. Pedagogia das competências

A partir dos esclarecimentos apresentados sobre competências e habilidades, é possível pensarmos então em mecanismos de desenvolvê-las, de maneira que atendam às necessidades institucionais e também dos sujeitos que participam de cursos sob essa rubrica.

A pedagogia das competências mantém uma relação de proximidade com o mercado de trabalho em razão do deslocamento da qualificação profissional para a questão da competência.

A **qualificação profissional** está associada a um saber acadêmico, teórico e formalizado, com o objetivo de ser posta em prática, é composta dos saberes escolares, da formação técnica e da experiência profissional; a competência é a capacidade que um sujeito possui para a resolução de um problema em uma situação específica, ou seja, é a capacidade de realizar uma tarefa prática, mobilizando conhecimentos tácitos, cujo mercado de trabalho é o definidor de competências e, portanto, de perspectiva funcionalista. No modelo de competências, importa não só os conhecimentos formais, mas a capacidade de mobilizá-los para resolver problemas (Hirata & Kergoat, 1994).

Esse deslocamento produziu outro: do ensino focado em saberes disciplinares para o ensino baseado em competências.

A pedagogia das competências visa promover nos educandos capacidades que eles precisam ter para compreender e realizar determinadas tarefas. Isso se aplica tanto na modalidade de ensino geral quanto na modalidade de ensino profissional, mas para isso é necessário uma descrição da tarefa a ser realizada para que se possa identificar quais são as habilidades que o sujeito precisa possuir para desempenhar com eficácia tal atividade, o que, consequentemente, identifica também as competências necessárias para a realização dessa tarefa.

Essa pedagogia marca uma relação de comprometimento afinada com a acumulação capitalista. A pedagogia das competências caracteriza-se por uma concepção pragmática e que considera as mudanças técnicas e de organização do trabalho e, portanto, marca uma relação de diálogo entre escola e empresa.

No Brasil, essa pedagogia é posta em movimento a partir da descrição de cargos promovida pelo Ministério do Trabalho e Emprego (MTE), na qual o Estado promove uma descrição das habilidades e competências de profissionais para o exercício de determinada profissão.

Instituições de educação formal com função de formar cidadãos também com capacidade de mão de obra seguem essas orientações para montar seus planos de curso e, consequentemente, seus planos de aulas, a fim de desenvolver competências e habilidades específicas.

Tomemos como exemplo uma instituição formal de ensino técnico-profissionalizante, cuja função é formar contadores. Nesse curso, uma disciplina relacionada à linguagem tem como objetivo analisar e desenvolver textos técnicos da área contábil, de acordo com normas e convenções específicas.

O primeiro passo, para pensar no desenvolvimento das competências já identificadas, seria identificar habilidades mais específicas que compõem o conjunto de competências necessárias para a análise e elaboração de textos técnicos da área contábil.

Consideremos essas habilidades, como utilizar instrumentos da redação técnica, direcionados à área contábil. Para desenvolver essas habilidades e competências, o professor teria de abordar textos específicos da área contábil como procurações, contrato de prestação de serviços, notas explicativas de balanço, contrato social e seus aditamentos, declarações, entre tantos outros.

Em conclusão, o ensino baseado em tarefas seria bastante adequado para a pedagogia das competências, em razão de, depois de identificada a tarefa e os conhecimentos necessários para realizá-la, o professor tomaria como conteúdos escolares essa tarefa e os conhecimentos necessários para materializá-la.

Essa concepção de educação, apesar de tomada como fator econômico, reverte-se em benefício social, de modo que a inclusão social, uma das funções da educação formal, está relacionada ao desenvolvimento de competências para a integração do sujeito às relações contemporâneas de trabalho, que busca o equilíbrio da estrutura social (Ramos, 2001).

O ensino baseado em tarefas ganhou força a partir dos anos 80, no século XX, e refere-se a uma abordagem advinda do ensino de línguas (Kuramavadivelu, 2006).

Nessa abordagem de ensino-aprendizagem, as tarefas são o ponto de partida para a aprendizagem, em razão delas potencializarem e motivarem o aluno no processo de construção de conhecimento e desenvolvimento de competências e habilidades para a realização de algo concreto.

Tarefa, então, é uma atividade que requer ações dos alunos no sentido de realizar algo por meio de algum processo de raciocínio e que permite ao professor controlar e regular esse processo (Prabhu, 1987).

Vários aspectos positivos podem ser observados na abordagem de ensino baseado em tarefas como motivação para a aprendizagem, utilização de conteúdos autênticos com base em necessidades dos alunos, foco não apenas na tarefa propriamente dita, mas no processo de aprendizagem, entre outras.

Isso significa que as tarefas devem ser desenvolvidas de modo que os aprendizes possam empregar as mesmas habilidades e estratégias que seriam requeridas no mundo real. Por isso, as atividades propostas nas aulas devem ser relevantes para eles a ponto de promover aprendizagem significativa.

Como vimos, a pedagogia das competências é uma abordagem que visa a promoção do sujeito em termos de apropriação de saberes específicos para desempenhar alguma atividade, uma tarefa, e ela permite que o professor controle sua realização, mediando os saberes que os alunos já possuem com aqueles que precisam saber.

4. Identificação e desenvolvimento de competências em e para ambientes corporativos

Como já afirmamos, muitas organizações buscam promover a capacitação de seu quadro de colaboradores baseadas em gestão de pessoas, cujo objetivo é atuar na estruturação hierárquica de todos os níveis da organização, inclusive em termos de conhecimento, com vistas à maximização de lucros.

Para isso, a **gestão de pessoas** envolve a seleção de colaboradores com perfis adequados para determinada função, como também promove o desenvolvimento de competências alinhadas com as atividades que o colaborador deve exercer. Nesses dois campos de atuação, o papel de um pedagogo é essencial.

Tanto para a seleção quanto para o desenvolvimento de competências, é necessário a organização ter clareza das atividades que são desempenhadas por colaboradores em determinados cargos e funções. Para isso, a descrição minuciosa das tarefas relacionadas a cada cargo é essencial, como dissemos, tanto para a seleção adequada de um colaborador quanto para capacitá-lo a desenvolver suas funções na empresa de modo eficaz.

No estágio de seleção de colaboradores, o pedagogo deve identificar competências, habilidades e atitudes – CHA – (Chiavenato, 1999) do candidato que sejam alinhados ao cargo que ele deve ocupar, assim como os valores que a empresa atribui. De acordo com Chiavenato (1999), a seleção de um profissional deve privilegiar aquele mais adequado ao cargo específico, de maneira que seja capaz de aumentar a eficiência e o desempenho da equipe e, consequentemente, a eficácia da organização.

O autor apresenta três aspectos essenciais a serem considerados na seleção de um candidato: o primeiro refere-se à identificação de competências mais gerais, voltadas para a inteligência geral como aptidão numérica, verbal, espacial e raciocínio indutivo ou dedutivo; o segundo refere-se a competências que estabelecem interdependência com outras tarefas como atenção, visão de conjunto, espírito de coordenação, integração e iniciativa; e o terceiro refere-se a competências que estabelecem interdependência com outras pessoas como relacionamento e habilidade interpessoal, liderança e comunicação.

Por outro lado, o pedagogo também pode proceder a uma análise de cargos e funções dos colaboradores de uma determinada organização, a fim de identificar se os colaboradores possuem as competências, habilidades e atitudes – CHA – necessárias para o desempenho de suas atividades profissionais.

Para isso, é pertinente a realização de uma análise de necessidades que contemple tanto perspectivas institucionais quanto dos colaboradores.

Análise de necessidade, adaptada de Dudley-Evans & St. John (1998), refere-se à identificação de informações profissionais e pessoais do colaborador, assim como o nível e a meta de formação a ser alcançada, que habilidades são utilizadas nas situações-alvo por um colaborador e, consequentemente, o que é desejável de um curso que vise a capacitação em relação às questões-chave identificadas na análise de necessidades que promovam e ampliem competências desse colaborador.

A finalidade da análise de necessidade é preparar o indivíduo para tarefas e/ou posições mais complexas, ampliando suas potencialidades, por meio de treinamento e desenvolvimento.

Alguns indicadores da necessidade de treinamento e desenvolvimento seriam a expansão da empresa e admissão e/ou redução de colaboradores, alteração de métodos e processos de trabalho, modernização de equipamentos e novas tecnologias ou, ainda, produção e comercialização de novos produtos, entre outros indicadores.

Nesse levantamento de necessidades de treinamento, o pedagogo precisa diagnosticar, programar, executar e avaliar um programa de desenvolvimento de CHA. Ele precisa identificar respostas para estas questões: quem precisa ser treinado? O que deve ser aprendido?

Para isso, o pedagogo deve coletar dados para que, então, sejam mensurados e analisados. O resultado desse trabalho permitirá o planejamento de programas de treinamento e desenvolvimento de pessoal.

Para coletar dados, o pedagogo pode utilizar-se dos seguintes instrumentos, com base em Pierre (2007):

- Questionário: instrumento de coleta de dados que visa a cobertura de um grande número de informantes. Ele pode ser construído com perguntas abertas ou fechadas. A elaboração do questionário deve ser feita partindo de um objetivo ou objetivos a serem cumpridos, como por exemplo, *conhecer a representação dos colaboradores sobre conhecimentos necessários para desenvolver determinada função*. A partir do objetivo, perguntas devem ser formuladas na intenção de buscar respostas que permitam o planejamento de ações para o desenvolvimento de competências, habilidades e atitudes.

- Entrevistas com colaboradores e supervisores: essa técnica permite compreender necessidades mais amplas, tanto do ponto de vista de colaboradores quanto de seu superior. Esse cruzamento de informações é importante para determinar se a representação que o colaborador tem corresponde à de seu supervisor, em termos de conhecimentos necessários para a realização de determinada tarefa ou função. Além disso, permite esclarecer alguns pontos que, porventura, não foram considerados no roteiro da entrevista, mas foram percebidos na fala de um dos informantes.

- Testes ou exames: esses instrumentos avaliam o desempenho de colaboradores em situações específicas, por exemplo, se o colaborador demonstra conhecimento adequado ao realizar determinada tarefa.

- Observação *in loco*: essa estratégia permite ao pedagogo observar o colaborador na realização de tarefas específicas. O pedagogo pode observar e anotar questões importantes que foram observadas, ou, ainda, questões que não foram consideradas pelo colaborador.

- Avaliação de desempenho: esse instrumento visa medir o desempenho do colaborador de maneira bastante ampla. Primeiramente, o pedagogo precisa criar quocientes de desempenho que buscam cobrir a atuação do colaborador, tanto de caráter intrínseco quanto extrínseco, por exemplo, iniciativa, disciplina, apresentação pessoal, produtividade, qualidade, entre outros. Muitas empresas utilizam o método de avaliação 360°, cujo objetivo é contribuir para o desenvolvimento de competências essenciais nos colaboradores. Nessa avaliação, opinam o próprio colaborador, seus pares de trabalho, superiores, subordinados, clientes e fornecedores. Essa avaliação permite alinhar as competências dos colaboradores com as competências desejadas pela empresa.

- Solicitação direta do colaborador ou supervisor: isso ocorre quando a necessidade de novas competências, habilidades e atitudes torna-se explícita, ao ponto de o próprio colaborador ou supervisor perceber a necessidade de treinamento e desenvolvimento desses conhecimentos específicos necessários para o desempenho eficaz de suas funções ou cargo. A escolha de qualquer um desses métodos ou dos métodos adequados deve considerar o ambiente organizacional específico, sua missão, visão e seus valores, enfim, sua cultura organizacional, entre outros fatores.

Chiavenato (1999) afirma que o treinamento é uma maneira eficaz de agregar valor às pessoas, à própria organização e também ao cliente. O treinamento tem um aspecto mais imediatista, voltado para o desenvolvimento de competências, habilidades e atitudes requisitadas para uma função que o colaborador já desempenha. O treinamento mostra-se bastante eficaz em razão de suprir necessidades empresariais e profissionais tanto em cenário reativo quanto prospectivo.

O cenário reativo refere-se a uma reação a um problema existente, em outras palavras, existe um problema e o treinamento vem solucionar esse problema. O cenário prospectivo refere-se à antecipação a um problema, de modo que o treinamento é um instrumento de prevenção a problemas futuros (PIRRE, 2007).

Segundo o autor, o desenvolvimento de pessoal está relacionado à promoção de competências para uso menos imediato, ou seja, tem por função desenvolver o CHA nos colaboradores que serão promovidos para outras funções ou cargos.

Ambos seguem etapas como diagnóstico, desenho de programa de treinamento e/ ou desenvolvimento, aplicação ou implementação e avaliação e acompanhamento.

Boog (2002) advoga o uso das seguintes estratégias para o desenvolvimento de competências em ambientes corporativos:

- Palestras: têm por função discorrer sobre um tema específico, identificado no estágio de análise de necessidades, mas de maneira mais generalizada.

- *Workshops:* são cursos de curta duração com caráter de treinamento, cujo objetivo é aprofundar determinada temática com atividades práticas, para que o público possa experienciar o que está em discussão e exercer o conhecimento em questão. A dinâmica dos *workshops* divide-se em exposição, discussão em grupo e conclusão.

- Multiplicadores: referem-se à disseminação do conhecimento para outros colaboradores da empresa. Muitas vezes, o sujeito realiza cursos formativos em instituições fora do ambiente corporativo em que trabalha e, ao regressar à empresa, é encarregado de formar os demais colaboradores da equipe.

- Seminários: referem-se a reuniões realizadas por colaboradores ou profissionais especializados em determinada área e que atuam em ambiente externo à empresa que promove o evento, em que se discutem ideias. Caracterizam-se pela exposição de um orador e por debate com os outros participantes.

- *Job rotation:* é uma estratégia de desenvolvimento de competência em que o colaborador atua em diferentes áreas ou departamentos da empresa, na intenção de promover um conhecimento mais processual dos meios de produção. Empresas que promovem essa estratégia percebem a necessidade de ter um profissional mais polivalente, flexível e com espírito de grupo. Há outros pontos positivos em relação à adoção dessa estratégia como o desenvolvimento de habilidades de comunicação e liderança no mentor e não só em relação ao CHA promovido no colaborador que realiza o *job rotation.*

- *On the job:* é uma estratégia de desenvolvimento de competências contrária ao *job rotation,* haja vista que, neste caso, o colaborador permanece na mesma área ou no mesmo departamento em que realiza suas funções. Essa estratégia visa a formação de líderes treinadores, ou seja, que promovem a capacitação de outros colaboradores.

- *Coaching:* refere-se a uma orientação personalizada, com o objetivo de aperfeiçoar competências e autoconhecimento. É um método utilizado para o desenvolvimento de competências tanto de um grupo quanto de um indivíduo. Nessa atividade, o *coach* (o profissional) busca estimular, apoiar ou mesmo despertar no indivíduo potenciais almejados pela empresa na qual ele trabalha, ou até para questões mais amplas, como determinando seguimento de mercado etc., de forma rápida e satisfatória.

- *Mentoring:* é um processo de desenvolvimento de competências voltado para um sujeito em início de carreira, que ocupa um cargo recente ou ainda é novo em determinada empresa. Ou seja, um profissional mais experiente orienta e compartilha com profissionais mais jovens experiências e conhecimentos que auxiliam no desempenho de suas funções ou atribuições.

- Vivencial: são técnicas para o desenvolvimento de competências, habilidades e atitudes, que imergem o colaborador em situações específicas. A estratégia da vivência propõe aprender fazendo e, para isso, lança mão de dinâmicas de grupo. Nesse processo, estimulam-se os níveis cognitivo, emocional e motriz (pensar, sentir e fazer, respectivamente), além de proporcionar participação, integração, socialização e intercâmbio de experiências.

- Encenação ou lúdico: são atividades práticas correlacionadas com o cotidiano de uma empresa, que podem ser peças teatrais, competições esportivas, atividades com músicas, entre outras. Isso permite que os colaboradores participem e assumam diferentes papéis em situações específicas.

- A distância: são atividades pedagógicas realizadas a distância. Essa modalidade de desenvolvimento de competências será considerada na Unidade 4.

A partir da exposição feita nesta seção, podemos concluir que o pedagogo pode atuar sob diferentes perspectivas para o desenvolvimento de competências organizacionais em diferentes ambientes corporativos. Para isso, sugerimos algumas estratégias que podem nortear esse fazer pedagógico, lembrando que a atuação do pedagogo deve estar alinhada com a missão, visão e valores da empresa para a qual ele atua.

ATENÇÃO! Missão é a razão de existir de qualquer empresa, está relacionada aos seus objetivos imediatos; visão é o estágio em que a empresa deseja chegar, está relacionado a algo futuro; valores são qualidades que distinguem uma empresa de outras.

5. Competência interpessoal

Competência interpessoal é uma das habilidades do ser humano que permite lidar de forma eficaz com as relações entre outras pessoas, de forma que atenda às necessidades individuais dos sujeitos envolvidos em determinada situação, assim como também atenda às exigências da própria situação (Moscovia, 1981).

Esse tipo de competência não é resultado da genética, mas de ensino-aprendizagem que envolve questões intelectuais, atitudinais e emocionais e, para o desenvolvimento dessas questões, propomos alguns percursos, a seguir, discutidos.

De acordo com o autor, nesse processo, duas questões assumem importância essencial: a percepção e a habilidade.

A percepção é uma habilidade que pode ser desenvolvida, como estratégia de leitura de uma situação específica. Essa leitura implica não simplesmente em uma decodificação, embora isso faça parte do processo comunicativo que envolve as relações entre pessoas, mas também na compreensão de implícitos verbais e não verbais. Ou seja, é preciso compreender questões contextuais que envolvem atribuição de sentido ao que é dito e também ao que não é dito, questões ideológicas, de posicionamentos, entre tantos outros aspectos que envolvem as relações interpessoais.

O desenvolvimento da percepção ocorre a partir de um longo processo, que não se realiza de modo espontâneo nem tampouco facilmente, pois o olhar do outro para o eu, por exemplo, utilizando-se da ferramenta *feedback*, torna-se uma estratégia que pode viabilizar o desenvolvimento desse tipo de habilidade que aqui tratamos. Dessa maneira, se o sujeito possui uma percepção mais apurada de si mesmo, é também capaz de ter essa percepção sobre as relações interpessoais.

O ponto de partida para o desenvolvimento desse tipo de habilidades é a auto percepção, autoconscientização e auto aceitação, ou seja, questões intrínsecas ao sujeito, bem como as habilidades de comunicação, haja vista que as relações interpessoais são viabilizadas pelo uso da linguagem. As habilidades de comunicação estão relacionadas a conhecimentos técnicos e não técnicos que envolvem o conhecimento da situação em que ocorre a produção da linguagem entre pessoas, o papel social que os interlocutores envolvidos na situação representam (por exemplo, sexo, idade, gênero, nível socioeconômico, do lugar de onde falam, entre outros), da função da linguagem e também do canal utilizado para se comunicar.

Outra questão importante nas relações interpessoais refere-se à habilidade, melhor dizendo, competências, visto que se referem a uma série de habilidades como flexibilidade perceptiva e comportamental. Em outras palavras, o sujeito deve procurar vários ângulos de uma mesma situação e atuar nessas perspectivas como formas alternativas de ação.

Outra habilidade importante é a criativa, que significa propor soluções originais e inovadoras que desencadeiem resultados compensadores. A criatividade precisa ser estimulada e o professor exerce papel essencial nesse trabalho, ao incentivar os alunos a expressarem-se, ao assumir o papel de circulador do conhecimento, ao propor situações que favoreçam a criatividade e a participação do aluno nesse sentido. Consideramos também importante as habilidades de receber e dar feedback, pois contribuem para a ampliação da percepção do sujeito e, consequentemente, influenciam na atuação desses sujeitos em suas relações interpessoais.

Outro componente da competência interpessoal refere-se ao próprio relacionamento e sua dimensão emocional-afetiva (Moscovia, 1981), haja vista que as relações interpessoais são motivadas por questões cognitivas e também afetivas e o equilíbrio entre esses dois componentes permitirá que as relações entre sujeitos não sofram danos.

O desenvolvimento dessas capacidades pode ser orientado para três níveis diferentes: individual, grupal ou organizacional (Moscovia, 1981).

O nível individual refere-se à orientação para questões intrapessoais e, ao mesmo tempo, interpessoais, entre o sujeito e o outro. Recebem atenção nesse trabalho o que motiva o sujeito, problemas que afetam relacionamentos interpessoais, a afetividade e a intimidade. Resumindo, busca-se desenvolver o autoconhecimento do sujeito para que ele possa ter uma percepção mais ampla de suas relações interpessoais.

O nível grupal refere-se às questões interpessoais, intragrupais e grupais, em que se examinam os eventos ocorridos no seio do grupo e subgrupos. Recebem atenção as questões motivacionais do grupo sob análise, questões de poder, autoridade, controle e influência social (Moscovia, 1981). Buscam-se desenvolver e ampliar habilidades comunicativas, assim como diagnosticar e administrar conflitos. Todos esses aspectos abordados neste nível influenciam sobremaneira o trabalho em equipe.

O nível organizacional busca mobilizar os níveis individual e grupal, percebidos como um sistema organizacional, um grupo maior, uma empresa. Nesse nível, segundo o autor, busca-se trabalhar as motivações e objetivos individuais, grupais e organizacionais, além de ampliar e aperfeiçoar habilidades de trabalho em equipe, diagnóstico e resolução de conflitos e também a comunicação e a integração dos participantes do grupo organizacional.

Como podemos perceber, o pedagogo possui várias formas de promover o desenvolvimento da competência interpessoal, pois mesmo que trabalhe em determinado contexto o nível individual, isso refletirá nos outros níveis. Especificamente em relação ao nível organizacional, o desenvolvimento de capacidades interpessoais é uma forma de qualificação profissional fundamental para o ambiente corporativo, em razão dos intercâmbios sociais realizados em função de negócios e, portanto, todas as questões intelectuais, atitudinais e emocionais são definidoras desse tipo de relação.

6. Competência técnica

Competência técnica é todo o conhecimento que um sujeito mobiliza para a realização de uma atividade profissional, inclusive o domínio de conhecimentos específicos relacionados à determinada área do conhecimento. A competência técnica é um aspecto muito valorizado no mercado de trabalho.

Por exemplo, o professor é um profissional que precisa ter uma vasta competência técnica, ou seja, saberes necessários para a atividade pedagógica - ensino-aprendizagem – que envolvem por exemplo, conhecer metodologias de ensino, conhecer questões relacionadas à aprendizagem, conhecer áreas do conhecimento como Língua Portuguesa, Matemática, Ciências Naturais, História, Geografia, Educação Física, Arte e Temas Transversais, ser capaz de liderar e motivar pessoas em ambientes de aprendizagem, entre outros, se pensarmos em um professor do ensino fundamental I, ou seja, são um conjunto de conhecimentos, habilidades e atitudes que o professor precisa ter para ser considerado um profissional competente.

O conhecimento técnico é proveniente de toda formação profissional do sujeito, e pode ser construído em situações formais de aprendizagem, como escolas, cursos profissionalizantes, universidades, cursos de aperfeiçoamento profissional, entre outros. Por exemplo, para que o pedagogo possa exercer sua profissão em sala de aula, é necessário um curso de licenciatura em pedagogia, nível de escolaridade formal exigido para o exercício da atividade de professor.

Entretanto, o conhecimento técnico também pode ser construído em situações de informalidade, haja vista que, atualmente, as informações estão em rede para serem acessadas onde e quando os sujeitos desejarem. Além disso, também pode ser construído pela vivência, pelo saber fazer. O próprio ambiente corporativo proporciona esse saber a partir da experiência.

Ser competente significa, então, ter conhecimentos, habilidades e atitudes que permitam ao sujeito desempenhar com eficácia qualquer tarefa ou atividade profissional. Conhecimentos referem-se ao que sabemos, habilidades é algo que demonstramos saber e atitudes são características pessoais que acompanham o agir do sujeito (Carbone et al., 2006).

Como mencionamos, os conhecimentos são construídos tanto em situações informais quanto formais de aprendizagem. O foco do conhecimento é o saber e, nesta sociedade em que vivemos, saber é ter poder. Então, os sujeitos precisam estar sempre atentos e em formação constante para ter os conhecimentos necessários para desempenhar com eficácia sua atividade profissional.

Em ambientes organizacionais, muitas empresas preocupadas com seu capital humano buscam mapear conhecimentos necessários para um colaborador exercer determinada função. A partir desse mapeamento, com a ajuda de um pedagogo, a empresa, então, planeja, executa e avalia programas de formação continuada de colaboradores para que eles possuam conhecimentos necessários alinhados com a atividade empresarial exercida pela organização.

As habilidades referem-se àquilo que um sujeito é capaz de fazer. É, portanto, o saber fazer resultante de experiências e vivências do sujeito que o capacitam em métodos, técnicas e processos de elaboração de um produto ou serviço.

Em uma organização, por exemplo, em que um sujeito não é capaz de fazer apresentações em público, a empresa precisa ajudá-lo a desenvolver essa habilidade, para que isso não afete negativamente sua atividade empresarial. Para isso, novamente, o departamento de gestão de pessoas pode atuar efetivamente para promover o desenvolvimento dessa habilidade no colaborador que não a apresenta, propondo cursos de formação *in company*, ou seja, dentro da própria empresa, que podem ser ministrados por outro colaborador mais habilidoso, ou ainda por especialistas convidados externos. Outra alternativa é encontrar cursos em instituições de educação corporativa para que seu colaborador possa matricular-se e, então, aprender as habilidades específicas que precisa.

Em relação às atitudes, embora existam atitudes e comportamentos que se alinham com qualquer organização, como por exemplo, a assertividade, a pró-atividade, entre outras, determinada organização pode perceber que seu colaborador não tem uma atitude alinhada com seus valores organizacionais, tornando-se necessário desenvolver essa atitude e comportamento específicos, para que, então, o colaborador exerça suas funções da maneira desejada. Em resumo, as atitudes representam o saber ser, são o compromisso com o trabalho, a responsabilidade, a determinação, enfim, o que caracteriza um sujeito.

Competência técnica, nesse sentido, também está relacionada a um conjunto de conhecimentos gerais, ou seja, os saberes técnicos são saberes específicos para realizar determinada atividade relacionada a uma área específica do conhecimento, mas que se relacionam, também, com saberes mais gerais.

Em resumo, podemos dizer que um sujeito é um profissional competente quando possui conhecimentos que podem ser demonstrados em habilidades, mas que também precisam estar afinados com uma atitude coerente, ou seja, um profissional competente é aquele capaz de produzir resultados satisfatórios a partir da mobilização de conhecimentos, habilidades e atitudes para tal. Assim, competência técnica é a capacidade de produzir resultados satisfatórios a partir da mobilização de conhecimentos, habilidades e atitudes.

Glossário – Unidade 3

Análise de necessidade – refere-se à identificação de informações profissionais e pessoais do colaborador, assim como o nível e a meta de formação a serem alcançados, que habilidades são utilizadas nas situações-alvo por um colaborador e, consequentemente, o que é desejável de um curso que vise a capacitação em relação às questões-chave identificadas na análise de necessidades que promovam e ampliem competências desse colaborador.

Competência – diz respeito a conhecimentos suficientes para a realização de determinada atividade, corresponde a um saber fazer reconhecido que implica a mobilização e utilização de conhecimentos, habilidades e que agrega valor econômico às organizações e valor social para o sujeito, trabalhador.

Competência interpessoal – habilidade do ser humano que permite lidar de forma eficaz com as relações entre outras pessoas, de forma que atenda às necessidades individuais dos sujeitos envolvidos em determinada situação, assim como também atenda às exigências da própria situação.

Competência técnica – conhecimento que um sujeito mobiliza para a realização de uma atividade profissional; é o domínio de conhecimentos específicos relacionados à determinada área do conhecimento.

Educação corporativa – nasce de programas de treinamento e desenvolvimento, desenvolvidos no início do século XX, cuja concepção imaginava existir uma única maneira de realizar uma tarefa, então, essa técnica estava relacionada ao ensino de manuseio de máquinas e equipamentos.

Gestão de pessoas – envolve a seleção de colaboradores com perfis adequados para determinada função, como também promove o desenvolvimento de competências alinhadas com as atividades que o colaborador deve exercer.

Habilidades – conhecimentos específicos que compõem um conjunto de conhecimentos necessários para a realização de uma determinada tarefa.

Qualificação profissional – está associada a um saber acadêmico, teórico e formalizado a ser posto em prática, é composta dos saberes escolares, da formação técnica e da experiência profissional.

Tarefa – atividade que requer ações de um sujeito no sentido de realizar algo por meio de algum processo de raciocínio e que permite ao professor, em casos de ensino-aprendizagem formal, controlar e regular esse processo.

Universidade corporativa – espaços internos empresariais, direcionados para a educação de seu corpo de funcionários, com vistas ao seu modelo de negócio e conhecimentos específicos.

UNIDADE 4
EDUCAÇÃO A DISTÂNCIA (EaD)

Capítulo 1 Apresentação, 76

Capítulo 2 Panorama estatístico e histórico da EaD, 76

Capítulo 3 Conceitos e características da EaD, 80

Capítulo 4 Educação presencial e educação a distância, 84

Capítulo 5 Finalidades e princípios da educação a distância, 88

Glossário, 91

Referências, 93

1. Apresentação

A educação a distância - EaD – é uma modalidade educacional que proporciona o desenvolvimento de competências e que vem crescendo muito ultimamente, não só no contexto brasileiro, mas em todo mundo. No Brasil, embora percebamos um crescimento relevante dessa modalidade de educação, ainda há muito espaço para explorar, de modo que se abre uma agenda de oportunidades para educadores interessados em atuar no ensino-aprendizagem a distância.

As tecnologias da educação e informação – TIC's – têm contribuído muito para esse avanço em razão de proporcionar educação inclusive para quem, por diversas razões, não tem possibilidade de frequentar um curso presencial.

Nesse cenário, o ato de educar e o educar-se são desafios enormes, tanto para a instituição que se propõe a proporcionar educação a distância, quanto para os que estudam a distância. Esses estudantes precisam desenvolver novas competências, habilidades e atitudes, não só frente aos objetos de ensino-aprendizagem aos quais serão expostos, mas também sobre o ato de estudar, no tempo e local que lhes são apropriados, com a ajuda de orientadores ou tutores educacionais, às vezes, em momentos presenciais, outras, a distância, com a ajuda de sistemas de gestão para esse fim, assim como material didático que atenda também a essa modalidade educacional.

É nesse contexto que se situa esta disciplina, que se propõe a apresentar um breve panorama estatístico e histórico dessa modalidade educacional, seus conceitos e diferenças da educação presencial, assim como princípios e finalidades da educação a distância.

2. Panorama estatístico e histórico de EaD

De acordo com o último censo EaD (ABED, 2014), cujos dados referem-se ao ano de 2013, 56% dos cursos totalmente a distância oferecidos no Brasil são de pós-graduação. Desses cursos, a grande maioria é de especialização, com 81,5% de alunos matriculados.

Os cursos de graduação representam 28,5%, sendo que, desse total, 39,4%, portanto, a maioria, correspondem a cursos tecnólogos e 33,9% correspondem a cursos de licenciatura.

Em seguida, aparecem os cursos técnicos profissionalizantes, que representam 7,8% de alunos na modalidade a distância.

Em termos de matrículas, de acordo com ABED (2014), temos o seguinte cenário:

Tipos de cursos oferecidos em EaD e o número de alunos matriculados

Modalidades de ensino	Quantidade	%	Matrículas	%
Cursos autorizados/credenciados totalmente a distância	1.772	11,3%	692.279	17,1%
Cursos autorizados/credenciados semipresenciais	447	2,8%	190.564	4,7%
Disciplinas oferecidas em EaD	3.982	25,3%	262.236	6,5%
Cursos livres	5.754	36,6%	1.628.220	40,3%
Cursos corporativos	3.778	24,0%	1.271.016	31,4%
Total	15.733	100	4.044.315	100%

Em termos geográficos, a maior parte dos cursos regulamentados estão situados na região Sudeste, com 48,4%, e Sul, com 31,3%, embora o estudo tenha identificado cursos em todas as regiões do país. As instituições de ensino privadas que oferecem cursos na modalidade a distância representam 73,9%, enquanto as instituições públicas, 26,1%.

Esses números demonstram uma janela de oportunidades de educação na modalidade a distância.

Para a configuração desse cenário de oportunidades de EaD, a popularização do acesso a internet e o barateamento de equipamentos de informática contribuíram sobremaneira para esse avanço. A tecnologia da informação e comunicação também desempenha papel protagonista nessa modalidade de educação.

Entretanto, pode-se pensar, então, que a educação a distância teve início com a invenção e massificação do acesso à internet, o que não é um raciocínio adequado.

Há evidências de que essa modalidade educacional tenha surgido inicialmente na Grécia e em seguida em Roma, pois nesses lugares existia uma rede de comunicação via cartas. O conteúdo desse material era de caráter tanto pessoal quanto científico, embora houvesse também correspondências com a intenção de instruir.

Muito antes desse cenário tecnológico de armazenamento e acesso às informações quando e onde desejar, já existia educação a distância, cujo material de instrução era enviado ao estudante via correio. Esse período iniciou-se no início de 1880 com o surgimento e expansão dos serviços postais que influenciou, inclusive, a expansão de redes ferroviárias e é considerado a primeira geração do ensino a distância

No contexto brasileiro, a EaD teve seu início com cursos via radiodifusão, no ano de 1937, com a criação do Serviço de Radiodifusão Educativa do Ministério da Educação, conforme informação de Alves (2009).

O marco da EaD no Brasil está associado ao surgimento do Instituto Universal Brasileiro – IUB – no início de 1940. Inicialmente, o IUB atuava na formação de mão de obra para o setor industrial e de serviços, mas, em seguida, começou a oferecer cursos a jovens e adultos que desejavam prestar o exame de Madureza Ginasial e Colegial.

O material didático era enviado pelo correio para o aluno, que estudava e realizava os exercícios e, posteriormente, os devolvia também pelo correio. O público-alvo eram alunos interessados de diversas regiões brasileiras.

A atuação do IUB contemplava cursos livres, informais, como datilografia, taquigrafia, eletrônica em rádio (justificado pela grande expansão da indústria radiofônica no país) entre outros. Atuava também em cursos que necessitavam de regulamentação como o ginasial, conhecido como Madureza Ginasial.

Atualmente, o IUB oferece cursos técnicos em Transações Imobiliárias, Secretariado, Secretaria Escolar e Gestão Comercial, além de mais de 60 cursos profissionalizantes como pintura, corte e costura, eletrônica, idiomas e tantos outros; oferece também cursos de Educação de Jovens e Adultos – EJA – anteriormente intitulados de supletivo (IUB, 2010).

Na educação superior, a EaD data de 1883 em uma instituição dos Estados Unidos da América. Esse movimento tornou-se recorrente em países como Grã-Bretanha e outros países da Europa.

A nomenclatura ensino a distância é muito mais recente, mas esse conceito de educação já assumiu outras definições como *estudo por correspondência, estudo em casa*, atribuído pelas primeiras escolas privadas, e *estudo independente*, atribuído pelas universidades (Moore & Kearsley, 2007).

De acordo com esses autores, a segunda geração da EaD está relacionada ao uso do rádio e da televisão como instrumentos para educação.

Embora houvesse um grande entusiasmo sobre as possibilidades educacionais que o rádio trouxe no início do século XX, isso não correspondeu às expectativas. Quanto à televisão, já em 1934, nos EUA, veiculava-se conteúdos educacionais. Esse veículo de comunicação teve mais sucesso que o rádio em razão de, nos anos 50, a Fundação Ford, nos Estados Unidos, ter doado centenas de milhões de dólares para a transmissão educativa.

No contexto brasileiro, a televisão como instrumento de educação teve início no final de 1970, com o lançamento do Telecurso, pela Rede Globo. Inicialmente, o público-alvo do curso eram alunos do 2º grau (atual Ensino Médio), mas em seguida ampliou o foco para alunos do 1º grau (atual Ensino Fundamental). Bastava que os alunos assistissem às aulas pela TV e comprassem os fascículos que eram vendidos em bancas de jornal e revistas. Em meados de 1990, esses cursos foram substituídos pelo Telecurso 2000, com a criação das telessalas, equipadas com aparelhos de vídeo, TV, mapas, livros, dicionários e outros materiais didáticos (Redeglobo, 2012).

Vale mencionar também a TV Cultura, o Canal Futura e as TV's Universitárias por difundirem conteúdo educacional.

Moore & Kearsley (2007) informam que a terceira geração da EaD diz respeito a diversas experiências com novas modalidades de organização da tecnologia e destacam dois projetos importantes que foram desenvolvidos nos Estados Unidos da América e na Grã-Bretanha.

Essas experiências tinham como objetivo o agrupamento de várias tecnologias de comunicação, como guias de estudo impressos e orientação por correspondência, transmissão via rádio e televisão, videocassete, conferências via telefone, *kits* para experiência em casa, além de uma biblioteca local para uso dos alunos interessados. Segundo os autores, essa experiência foi a primeira ideia de educação a distância como um sistema total e integrado. No entanto, duas falhas foram detectadas nessas experiências: as instituições que proporcionavam o ensino a distância não tinham controle nem dos docentes envolvidos no projeto, nem do currículo utilizado para o ensino-aprendizagem.

Uma referência nessa etapa da EaD foi a criação da Universidade Aberta do Reino Unido, primeira universidade nacional de educação a distância direcionada a adultos, empregando uma integração de tecnologias de comunicação para ensinar um currículo universitário completo.

Os autores apontam como a quarta geração da EaD a abordagem da teleconferência, em 1980, nos Estados Unidos. A atração por esse modelo educacional residiu no fato de que havia uma aproximação mais adequada da visão tradicional da educação, em salas de aula, diferentemente do que ocorria com os modelos de cursos por correspondência ou ainda dos modelos desenvolvidos pela universidade aberta, em que pessoas aprendem sozinhas, em casa.

Inicialmente, a audioconferência foi amplamente utilizada e permitia interação entre alunos e professor em tempo real, a partir de suas casas ou escritórios. Esses cursos eram focados em educação continuada ou sem certificação, com ênfase em profissionais como advogados, médicos, farmacêuticos, enfermeiros, bibliotecários e outros.

Entre 1980 e meados de 1990, houve uma grande prosperidade do setor de educação a distância, que transcendeu o setor de educação de nível superior, com educação direcionada para corporações e profissionais liberais veiculada pela televisão comercial. O uso da videoconferência nos dois sentidos, ou seja, todos os participantes podiam ver e ouvir os apresentadores por meio de computadores pessoais, também impactou a EaD.

Finalmente, a quinta geração da EaD é marcada pelo uso do computador e impulsionado pela internet, no início de 1990. Segundo dados de Moore & Kearsly (2007), em 1992, existiam 50 páginas na *web*, já em 2000, perto de 1 bilhão. Em 1995, nos EUA, somente 9% dos adultos acessavam a internet, já em 2002, esse número representava 66% de adultos navegando na *world wide web* – www. No Brasil, o número de internautas, em 1999, era em torno de 2,5 milhões; em 2002, esse número representava mais de 7 milhões de usuários.

Nos anos 90, várias universidades passaram a utilizar a *web* para a educação a distância.

Dessa maneira, a www estimulou novas maneiras de planejamento, implementação e avaliação de cursos a distância, com a utilização e integração de novas tecnologias.

3. Conceitos e características de EaD

Pelo histórico apresentado acima, podemos perceber que a educação a distância passou por diferentes gerações e que, em cada período, o conceito dessa modalidade educacional tem assumido níveis diferentes de interação.

Inicialmente, a interação era entre o material didático e o aluno (educação por correspondência), em seguida, a interação tomou outra dimensão, por exemplo, com o uso de vídeos (seja pela TV ou por fitas de videocassete), ou, ainda, pela interação via telefone ou mesmo pela videoconferência.

A partir de 1990, com a ampliação de acesso a um computador pessoal e à internet e, mais recentemente, com o uso de *notebooks*, *smartphones* e *tablets*, a interação ganhou uma dimensão muito mais ampla.

Para Vygotsky (2007), a **aprendizagem** é uma experiência social mediada pelo uso de instrumentos e signos. **Instrumentos** são ferramentas que se interpõem entre o homem e o mundo, com função de transformação do meio, como, por exemplo, um texto, um vídeo, uma imagem. Os **signos** são instrumentos que significam algo, por exemplo, um texto escrito. Então, a interação pode ocorrer entre o aluno e o material didático (enviado pelo correio, veiculado na TV ou mesmo em uma página da www) e também entre aluno e professor, tutor ou orientador ou vice-versa, ou, ainda, entre alunos.

A partir da teoria vygotskyana, passamos a examinar os conceitos de educação a distância, partindo do princípio da interação, visto que ela possibilita a geração de novas experiências e conhecimentos.

Dessa maneira, educação a distância não se diferencia de cursos presenciais, exceto pela questão da distância física que separa aluno e professor.

Moore & Kearsly (2007) conceituam **interação a distância** como o intervalo de compreensão e comunicação entre professores e alunos, ocasionado pela distância geográfica, que precisa ser equacionada por procedimentos diferentes na elaboração da instrução, material didático, por exemplo, e na facilitação da interação.

Interação para Boyd & Apps (1980) significa uma relação do ambiente e das pessoas com comportamentos padronizados em determinada situação.

Educação a distância é uma modalidade de interação com objetivo específico de aprendizagem, é a inter-relação de pessoas (professores e alunos) em ambientes geográficos distintos. Essa questão geográfica é o foco nessa modalidade educacional, de modo que o planejamento educacional para a EaD precisa considerar a distância física e superar essa barreira.

EaD é uma modalidade de educação em que professores e alunos, os atores da situação de ensino-aprendizagem, estão separados física e temporalmente, de maneira que se faz necessária a mediação por uso de tecnologias da informação e da comunicação, ou TIC's. No Brasil, ela é regulada por legislação específica no Brasil e pode ser implantada tanto na educação básica (educação de jovens e adultos e educação profissional técnica de nível médio) quanto na educação superior.

Concepção moderna de educação a distância

O fato de professores e alunos não estarem juntos, no mesmo espaço físico, não significa que não podem estar conectados por meio da tecnologia, como a internet e outros instrumentos de mídia (TV, rádio, telefone etc).

Atualmente, temos a educação presencial (totalmente desenvolvida em salas de aulas, com a presença física de professores e alunos), a semipresencial (parte desenvolvida presencialmente e parte desenvolvida a distância ou virtualmente) e a educação a distância (desenvolvida exclusivamente a distância). Há instituições que oferecem cursos exclusivamente presenciais como também há as que oferecem cursos exclusivamente a distância, além daquelas que oferecem tanto cursos presenciais quanto semipresenciais e a distância.

Diante dessas novas modalidades de educação, o conceito de aula também foi alterado.

Inicialmente, em cursos presenciais, aula era considerada situação de ensino e aprendizagem desenvolvida em um espaço físico e em um tempo determinado. Na educação a distância, essa concepção de aula toma outra dimensão, de maneira que pode ser entendida não mais relacionada a um espaço físico e um tempo determinado, mas em muitos espaços e em vários tempos, haja vista que o aluno tem a possibilidade de estudar onde desejar (espaços físicos múltiplos) e em horários determinados por ele (tempo múltiplo).

Diante dessas mudanças, o papel do professor está sendo redimensionado, pois ele não é mais o detentor de conteúdos, pois a informação está armazenada em rede e pode ser acessada quando e onde alguém desejar. Ela assume, assim, o papel de instrutor, supervisor, mediador de conhecimentos.

A EaD segue o mesmo ritmo de uma educação presencial, isto é, envia material escrito ou mesmo sugestão de vídeos hospedados em *websites*, mantém contato com os alunos por alguma via de comunicação e, ao fim do curso, emite um certificado, atestando a capacitação daqueles que estudaram.

Enquanto na educação presencial a educação colaborativa ocorre em sala de aula entre alunos e entre professor e aluno e aluno e professor, na EaD, essa aprendizagem colaborativa é por meio de computadores, *smartphones* e *tablets* e, inclusive, também por meio de professores.

Ampliando esse conceito, podemos dizer que educação a distância refere-se a um conjunto de ações educacionais caracterizado pela distância entre professor e aluno, de modo que afeta os comportamentos desses sujeitos, ou seja, de professores e alunos; trata-se de uma conversação didática dirigida.

Essa interação ocorre sob duas perspectivas. A primeira assume uma posição fria, ocasionada pela interação entre aluno e material didático, *e-mails*, exercícios, provas etc., uma abordagem mais individualista, o que é predominante na EaD. A segunda refere-se a graus de interatividade maiores, como comunicação, ao menos, bidirecional. Partimos da correspondência, do rádio, da TV, mídias unidirecionais, para videoconferência via *Skype*, com níveis de interatividade maior e abordagem grupal, social.

O diálogo assume um papel importante na EaD, por ser um instrumento de facilitação da aprendizagem e por mediar a relação professor-aluno (Moore & Kearsley, 2007). O diálogo sofre influência de aspectos ambientais. Por exemplo, em cursos por correspondência ou mesmo um *curso on-line*, esse diálogo é estabelecido por carta ou *e-mail*, caracterizado pela estruturação e pela velocidade da informação (mais lenta, via correio, ou extremamente rápida, via *e-mail*). Portanto, o professor assume um papel de comunicador fundamentado na interatividade, de maneira que provoque e interrogue seus alunos, criando situações que possibilitem a participação ativa e crítica dos estudantes diante dos objetos de ensino-aprendizagem.

Assim, podemos dizer que diálogo não é sinônimo de interação, embora a interação seja pautada pelo diálogo. Por exemplo, um aluno que assiste a um vídeo hospedado no *youtube* pode até manifestar-se sobre algum questionamento feito pelo professor, mas não ocorre diálogo do professor com o aluno, já que o aluno não recebe feedback pela sua manifestação. Em uma videoconferência, ao vivo, por exemplo, essa relação muda, por proporcionar possibilidade de diálogo entre os participantes.

O diálogo é importante na EaD, também, em razão de promover a autonomia do aluno no controle do processo de aprendizado, criando novas zonas de desenvolvimento.

Podemos fazer uma referência a Bakhtin (1978) sobre a interação verbal, constituída pelo diálogo, cuja construção de sentido ocorre pelo dialogismo e polifonia. O dialogismo refere-se ao fato de que o discurso de alguém sempre insere-se no discurso de outro, então, a apropriação do discurso do outro ocorre a partir do momento em que esse outro é capaz de recriar, reinterpretar, relacionar a ideia do próximo com outros conhecimentos.

PARA SABER MAIS: Recomendamos a leitura de um artigo que aborda o papel do diálogo em educação a distância, disponível em: <http://www.fflch.usp.br/dlcv/enil/pdf/39_Silvia_D_e_Marcelo_G.pdf>. Acesso em: 27 abr. 2015.

Dessa maneira, em EaD, é importante compreender como ocorre o processo de aprendizagem e a construção de significados, a partir do diálogo, inclusive o virtual, tão presente nessa modalidade educacional.

Outra questão importante que influencia a natureza da interação a distância – EaD – são os elementos na elaboração do curso, denominados de estrutura (Moore & Kearsley, 2007). A **estrutura** de um curso segue a lógica dos objetivos de aprendizagem, conteúdo programático (objetos de ensino-aprendizagem), apresentação do material instrucional, como ilustrações gráficas, apresentação de estudos de casos, resolução de problemas e exercícios (avaliação). Em outras palavras, a estrutura corresponde à filosofia educacional adotada pela instituição que oferece determinado curso, assim como de seus professores, que devem considerar o nível educacional de seus alunos e o uso de tecnologias da informação e comunicação apropriadas.

Quanto mais estruturado é o curso, menos diálogo existe entre professor e aluno, de modo que é possível concluir que a extensão do diálogo e o grau de estrutura de um curso dependem do curso, do programa.

Se há pouca interação a distância, a tendência é os alunos receberem um diálogo mais permanente por parte do professor, por outro lado, se há mais estrutura no curso, a tendência é os alunos receberem menos orientação. Entretanto, se há menos diálogo e menos estrutura, o aluno precisa ter um nível de autonomia bastante elevado para tomar decisões em relação a estratégias de estudo e trajeto a ser percorrido, de modo que possa concluir o curso.

Sob a perspectiva da **autonomia do aluno**, consideramos que ele tem capacidade distinta para tomar decisões sobre seu aprendizado, de modo que o comportamento do aluno é uma dimensão importante a ser considerada no delineamento de cursos de educação a distância. Questões como distância entre professor e aluno, influência da instituição promotora do curso no planejamento e elaboração de material didático para ensino a distância, uso de tecnologias da informação e comunicação diferentes, disponibilidades de comunicação em sentido duplo (professor e aluno e aluno e professor) e com possibilidades de encontros presenciais (Moore & Kearsley, 2007) devem ser observadas no planejamento, implantação e avaliação de qualquer curso na modalidade a distância.

Em virtude do exposto, podemos inferir que a educação a distância está relacionada ao estudo independente, pois é o aluno quem toma a decisão do que aprender, quando, como e onde, tudo possibilitado pelas novas tecnologias.

4. Educação presencial e educação a distância

Para marcarmos as diferenças entre essas duas modalidades de educação, iniciaremos esta discussão partindo de alguns pontos de divergência como tempo, local físico, material didático, tecnologias empregadas e material didático, entre outros.

A **educação presencial ou convencional** é marcada pela presença física de alunos e professores em um tempo determinado, possibilitando interação de maneira direta.

Nessa modalidade, é muito comum o professor assumir o papel de transmissor de conteúdos, lembrando que já discutimos amplamente, neste curso, tais questões, advogando que o professor deve assumir um papel de mediador e facilitador da aprendizagem. Talvez essa questão ainda esteja muito enraizada em nosso sistema educacional, entre outros fatores, pelo modo como as aulas, nessa modalidade, são planejadas e desenvolvidas, com a informação centrada no professor e limitando a participação dos alunos nesse processo.

Outro ponto que também merece reflexão está relacionado ao uso de material didático e de metodologias de ensino-aprendizagem utilizadas pelo professor em sala de aula, conforme já discutido neste curso.

A educação a distância é caracterizada pela quebra desse paradigma, ou seja, professores e alunos não estão fisicamente no mesmo local, mas em locais distintos, e tampouco interagem ao mesmo tempo em todas as situações de aprendizagem, comunicando-se por meio de tecnologias de informação e comunicação, de maneira que as ações do docente, na maioria das vezes, ocorre em momentos distintos das ações dos discentes, salvo em situações de videoconferência, que permitem comunicação bidirecional e ao mesmo tempo.

Isso significa que a educação a distância pode oferecer tanto situações totalmente a distância como também momentos presenciais. Essa presencialidade pode ser tanto física quanto virtual, ou seja, o aluno e professor podem estar fisicamente no mesmo local ou também podem estar presentes de maneira virtual, através do uso das tecnologias da informação e comunicação, aliadas ao acesso à internet, por exemplo.

Essa divergência quanto ao local e o tempo da instrução aponta outras diferenças.

Na educação presencial, podemos perceber a predominância da habilidade comunicativa auditiva, caracterizada pelo fato de que há uma tendência de aulas expositivas em que alunos ouvem o texto oral produzido pelo professor e mobilizam estratégias cognitivas para realizarem anotações, esquemas, resumos desse texto, a partir do que compreenderam. Nesse sentido, o aluno é muito dependente do professor e muitas vezes não tem o hábito de ler o material de apoio para as explanações que são feitas em sala de aula, salvo se há alguma atribuição de nota pela leitura ou, então, quando o aluno deve apresentar algum conteúdo em forma de seminário ou outro recurso didático.

Em grande parte, a escrita está muito mais relacionada às estratégias de aprendizagem do que à produção de gêneros discursivos que circulam fora do contexto escolar.

Já a habilidade comunicativa de fala está relacionada ao uso de verificação de aprendizagem de conteúdos, apontamentos de dúvidas, contribuições provenientes de experiência, que, porventura, o aluno tenha em relação às questões discutidas em sala de aula ou, ainda, quando da realização de seminários.

Na educação a distância, há um predomínio da aprendizagem da leitura (de maneira autônoma pelo aluno), visto que o volume de material didático tende a ser maior, já que o meio de aprendizagem é o próprio material didático e não a exposição feita pelo professor em sala de aula. Essa leitura é feita a partir de textos escritos e de materiais audiovisuais disponibilizados.

Além disso, a produção de textos escritos também ganha destaque, já que é bastante comum, a cada final de unidade didática, os alunos serem instruídos a elaborarem textos que demonstrem a apropriação do conhecimento ou, ainda, a produção de textos escritos com característica de textos oralizados, como aqueles desenvolvidos em redes sociais, fóruns de discussão, grupos de *WhatsApp*, entre outros.

A produção de textos orais não é tão comum, salvo em situações em que a videoconferência é utilizada. Entretanto, é possível que muitos alunos ainda sintam-se desencorajados ou acanhados em participar com contribuições ou questionamentos sobre o conteúdo foco da discussão e, muitas vezes, o professor tem um desempenho mais acentuado.

Há de se considerar também que o nível de acessibilidade do professor tende a ser maior na EaD que na modalidade presencial ou convencional.

O aluno na EaD é o ator principal, com participação ativa durante o curso, que decide quando, onde, por quanto tempo estudar, qual o percurso de estudo a fazer, por exemplo, se lê o material instrucional com ou sem a necessidade de leituras complementares, decididas e identificadas por ele mesmo, ou guiadas e sugeridas pelo próprio material didático, a partir da indicação de **hiperlinks** de textos escritos, vídeos, entre outras abordagens. Isso permite dizer que o aluno influencia no currículo proposto em um curso a distância. Nesse sentido, podemos afirmar que o aluno torna-se mais autônomo e responsável pela sua própria aprendizagem à medida que é cobrado por isso.

> *ATENÇÃO: Hiperlinks são links, ligações, conexões inseridas em um texto digital e que permitem conectar-se facilmente a outros textos, vídeos ou outros conteúdos digitais hospedados em outras páginas da web.*

Papel do aluno na educação a distância

Quanto à interação nessa modalidade, quando há necessidade de o aluno interagir com o professor para esclarecer pontos de compreensão ou tirar dúvidas pontuais, há diversos relatos de pesquisa, como os de Severo (2008), que apontam que, se essa interação não for bidirecional, em tempo real, ou seja, interação ao vivo, via videoconferência, por exemplo, os alunos podem ficar insatisfeitos, pois, muitas vezes, a resposta do professor e do tutor demoram a ser dadas, e o aluno já está em outra unidade, em outro conteúdo, e já nem se lembra mais do contexto em que ocorreu a dúvida. São raros os casos em que o estudante retorna ao conteúdo que gerou determinada dúvida e que motivou a interação com o orientador ou tutor.

> *PARA SABER MAIS: Recomendamos a leitura de uma pesquisa que aborda as diferenças entre educação a distância e educação presencial, disponível em: <http://esud2014.nute.ufsc.br/anais-esud2014/files/pdf/126878.pdf>. Acesso em: 30 abr. 2015.*

A interação na educação presencial ou convencional ocorre no momento em que o conteúdo está sendo explicado, o que facilita a aprendizagem, ou mesmo após a aula, diretamente com o professor e sem a participação dos outros membros do grupo, evidentemente, quando o professor permite e encoraja essa interação. Além disso, a dúvida de um aluno pode ajudar a esclarecer a dúvida de outro ou ainda reforçar a aprendizagem, já que o professor explica um conteúdo novamente, de outra maneira, com novos exemplos.

Além disso, há a interação entre alunos que, na educação presencial, acontece de maneira mais acentuada, já que o convívio presencial é grande, e também pode ser potencializada pela didática do professor, propondo atividades em duplas, trios, grupos etc., o que não desconsidera também interação desses alunos via *e-mail*, redes sociais, grupos de *WhatsApp*, entre outras ferramentas. Entretanto, na modalidade a distância, a maioria das interações ocorre em ambientes virtuais e, mesmo assim, não com muita frequência, conforme aponta pesquisa de Costa et al (2014). A qualidade de interação entre alunos em um curso de EaD dependerá do interesse dos alunos e também de critérios estabelecidos pelo próprio curso e das disciplinas que o compõem.

A educação a distância tem um caráter mais democrático em razão de possibilitar maior acesso de estudantes por curso.

Em resumo, e como ponto de convergência entre educação a distância e educação presencial ou convencional, essas duas modalidades de desenvolvimento de competências proporcionam aprendizagem, cada uma apresentando os objetos de ensino-aprendizagem de maneira que alcancem seus objetivos educacionais.

Especificamente em relação à educação a distância, esta promove construção de conhecimento, desenvolve competências, habilidades, atitudes e hábitos nos estudantes relativos à organização do tempo, local e formas de estudo de maneira autônoma e que independe da ajuda em tempo integral de um professor, mas com a ajuda de sistemas de gestão e operacionalização de cursos, com materiais didáticos elaborados especificamente para a interação a distância, apresentados em diferentes suportes de veiculação de informação.

5. Finalidades e princípios da educação a distância

Uma das **finalidades da educação a distância** é a multiplicação de saberes por meio de inovações tecnológicas que extrapolam o alcance de apenas um ambiente físico, a sala de aula, mas têm uma abrangência muito maior e que contempla um maior número de interessados possível, já que as possibilidades de estudo não se limitam a apenas um espaço físico, mas a qualquer tempo e espaço, de acordo com os interesses e disponibilidades dos interessados.

Como finalidades mais específicas, percebemos, a partir de Moore & Kearsly (2007), que a EaD atende à necessidades como:

- acesso mais amplo a oportunidades de aprendizado e treinamento;
- oportunidade de atualização de aptidões;
- melhoria na redução de custos educacionais;
- melhoria e apoio às estruturas educacionais já existentes;
- melhoria na capacitação do próprio sistema educacional;
- nivelamento de desigualdades educacionais regionais e locais;
- direcionamento de cursos de formação inicial e de atualização profissional para públicos específicos, tanto na área de educação quanto para o mercado corporativo, militar, naval ou aeronáutico;
- oferecimento de cursos emergenciais de atualização profissional para públicos específicos;

- aumento de aptidões para a educação em novas áreas do conhecimento;
- oferecimento de educação que possibilita a conciliação entre trabalho e vida familiar.

Essa listagem de características da EaD não pretende ser exaustiva ou conclusiva, mas apenas descortina um leque de possibilidades de áreas que tal modalidade de ensino-aprendizagem pode oferecer.

Em razão dessas condições promissoras, muitas instituições brasileiras renomadas, seja de caráter público ou privado, estão envolvidas na oferta de algum tipo de educação a distância, e esse fenômeno também é similar em outros países.

Essas possibilidades de educação vão desde cursos vocacionais, de educação básica, a cursos de pós-graduação, nas mais diversas áreas do conhecimento, utilizando-se da abordagem *e-learning* ou não, ou seja, a abordagem *e-learning* está relacionada ao uso de meios eletrônicos e tecnológicos para a aprendizagem, e a educação a distância pode ou não fazer uso desses recursos. O *e-learning* pode ser **síncrono**, quando estudantes e tutores/ orientadores estão presentes, mesmo que virtualmente, no mesmo ambiente, mediados por algum recurso tecnológico, ou **assíncrono**, quando estudantes e tutores/ orientadores não estão no mesmo ambiente, ou seja, não estão conectados por algum recurso tecnológico.

Em resumo, os objetivos da educação a distância são diversos em função da grande demanda por educação nas mais diversas áreas do conhecimento. Basicamente, esses objetivos da EaD atendem a diversos princípios como o grau de interação, qualidade da produção dos materiais didáticos, recursos multimídia, flexibilidade para ingresso e o nível da população desejada.

Ainda em relação aos princípios da EaD, dependendo da especificidade do curso, qualquer interessado pode matricular-se, sem comprovar seu nível de instrução, ao passo que, para alguns cursos, é necessário que o interessado preencha pré-requisitos estipulados pela instituição.

Alguns cursos têm data certa para início e término, de maneira que todos os estudantes devem cumprir uma programação, como realização de leituras e exercícios em prazos estipulados.

Muitos desses cursos disponibilizam material didático com exercícios em ambientes de aprendizagem e plataformas de gestão que permitem identificar e controlar a regularidade de participação e o tempo dedicado aos estudos pelos alunos, como o *Moodle* e a *Blackboard*, apenas para citar algumas.

Essas ferramentas proporcionam uma aprendizagem colaborativa a partir do uso de ambientes educacionais com recursos tecnológicos. A aprendizagem colaborativa é centrada no aluno e no processo de construção do conhecimento (Rosini, 2007), que se realiza em um ambiente de aprendizagem em que há interação entre os integrantes, que também produzem conhecimento por meio dessa interação.

Esse ambiente colaborativo é uma área em que todos interagem por um objeto comum. Por exemplo, esta disciplina, Processo de Aprendizagem e Desenvolvimento de Competências, faz parte de um curso de pós-graduação em Educação, portanto, os alunos matriculados neste curso interagem em um ambiente colaborativo sobre os conteúdos veiculados no material didático desta disciplina e trocam informações, esclarecem dúvidas, sugerem leituras complementares sobre os conteúdos discutidos no âmbito do curso ou da própria disciplina. Dessa maneira, ao mesmo tempo em que aprendem também proporcionam aprendizado, tudo isso mediado por um orientador ou tutor.

A orientação, geralmente, é oferecida por orientadores e/ ou tutores que não prepararam o material didático. Esses materiais são preparados considerando uma ampla variedade de tecnologias que contemplam áudio e vídeo, isoladamente ou de forma integrada, baseados em computador e, mais recentemente, ampliando acesso *on-line,* ou não, para *smartphones* e *tablets*, acrescidos de materiais escritos, componente essencial em qualquer curso a distância.

O estudo é feito no lugar e no tempo em que o estudante desejar e os materiais didáticos são desenvolvidos por especialistas da área do conhecimento em que o curso se insere e com a finalidade específica para a interação a distância.

A proposta desses cursos é alcançar o maior número possível de estudantes, a partir da interatividade proporcionada pelo uso de amplas tecnologias da informação e comunicação associadas ao acesso a internet.

Em conclusão, os objetivos da educação a distância são plenamente democráticos por ampliarem as possibilidades de formação e desenvolvimento de competências que vão além do espaço da sala de aula. Tudo isso é associado a estratégias de interação que contemplam material didático e os sujeitos envolvidos no processo de educação a distância (tutores, orientadores e alunos) mediados por tecnologias da informação e comunicação.

Acreditamos que esta disciplina atingiu seu objetivo de proporcionar ao pedagogo conhecimentos sobre a aprendizagem humana e estratégias de desenvolvimento de competências, contemplando conhecimentos, habilidades e atitudes, tanto na modalidade de educação presencial ou convencional quanto na modalidade a distância, para funcionalidades que englobam desde a formação de educadores a profissionais de outras áreas do conhecimento.

Glossário – Unidade 4

Aprendizagem – experiência social mediada pelo uso de instrumentos e signos.

Autonomia do aluno – em EAD, é a capacidade que ele tem para tomar decisões sobre seu aprendizado, de modo que seu comportamento é uma dimensão importante a ser considerada no delineamento de cursos de educação a distância.

Educação a distância – modalidade de interação com objetivo específico de aprendizagem, é a inter-relação de pessoas (professores e alunos) em ambientes geográficos distintos; EAD é uma modalidade de educação em que professores e alunos, os atores da situação de ensino-aprendizagem, estão separados física e temporalmente, de maneira que se faz necessária a mediação por uso de tecnologias da informação e da comunicação.

Educação presencial ou convencional – modalidade educacional marcada pela presença física de alunos e professores em um tempo determinado, possibilitando interação de maneira direta.

***E-learning* assíncrono** – ocorre quando estudantes e tutores/ orientadores não estão no mesmo ambiente, ou seja, não estão conectados por algum recurso tecnológico.

***E-learning* síncrono** – ocorre quando estudantes e tutores/ orientadores estão presentes, mesmo que virtualmente, no mesmo ambiente, mediados por algum recurso tecnológico.

Estrutura – elementos a serem considerados na elaboração de um curso a distância, que devem seguir a lógica dos objetivos de aprendizagem, conteúdo programático (objetos de ensino-aprendizagem), apresentação do material instrucional, como ilustrações gráficas, apresentação de estudos de casos, resolução de problemas e exercícios (avaliação).

Finalidade da educação a distância – multiplicação de saberes por meio de inovações tecnológicas que extrapolam o alcance de apenas um ambiente físico, a sala de aula, com uma abrangência muito maior e que contempla o maior número de interessados possível, já que as possibilidades de estudo não se limitam a apenas um espaço físico, mas a qualquer tempo e espaço, de acordo com os interesses e disponibilidades dos interessados.

Hiperlinks – links, ligações, conexões inseridas em um texto digital, que permitem conectar-se facilmente a outros textos, vídeos ou outros conteúdos digitais hospedados em outras páginas da web.

Instrumentos – ferramentas que se interpõem entre o homem e o mundo, com função de transformação do meio, como, por exemplo, um texto, um vídeo, uma imagem.

Interação a distância – intervalo de compreensão e comunicação entre professores e alunos, ocasionado pela distância geográfica, que precisa ser equacionada por procedimentos diferentes na elaboração da instrução, material didático, por exemplo, e na facilitação da interação.

Signos – instrumentos que significam algo, por exemplo, um texto escrito.

Referências

ABED (2014). *Censo EaD.br: relatório analítico da aprendizagem a distância no Brasil 2013*. Curitiba: Ibpex.

ALVES, G. M. (2009). Tecnologias e suas implicações na prática pedagógica do supervisor escolar. In: 15º CIAED, 2009, Fortaleza, CE. Anais SP: ABED.

AUSUBEL, D. P.; ROBINSON, F. G. (1971). *School learning: an introduction to educational psychology*. Great Britain.

AYRES, A. J. (1974). *Sensory integration of integration theory practice*. Dubuque:

BAKHTIN, M. (1978). *Marxismo e filosofia da linguagem*. São Paulo: Hucitec.

BOOG, G. B. (2002). *Manual de gestão de pessoas e equipes: estratégias e tendências*. São Paulo: Gente.

BOYD, R.; APPS, J. (1980). *Redefining the discipline of adult education*. San Francisco: Jossey-Bass.

BRASIL (1997). Secretaria de Educação Fundamental. *Parâmetros curriculares nacionais*: introdução aos parâmetros curriculares nacionais. Brasília: MEC/SEF.

_____. (1998). *Lei de diretrizes e bases da educação*: Lei nº 9394/96 – 24 de dezembro de 1996. Estabelece as diretrizes e bases da educação nacional. Brasília.

CABALLO, V.E. (1997). *Manual de evaluación y entrenamiento de las habilidades sociales*. Madrid: SigloVeintinuno.

CARBONE, P. P.et al. (2006). *Gestão por competências e gestão do conhecimento*. 2ª edição. Rio de Janeiro: Editora FGV.

CHIAVENATO, I. (1999). *Gestão de pessoas*. Rio de Janeiro: Campus.

COSTA, V. M. F. et al. (2014). Educação a distância x educação presencial: como os alunos percebem as diferentes características. *ESUD 2014 – XI Congresso Brasileiro de Ensino Superior a Distância*, Florianópolis, SC. Disponível em: <http://esud2014.nute.ufsc.br/anais-esud2014/files/pdf/126878.pdf> Acesso em: 30 abr. 2015.

CRUZ, R.C. (2008). Universidade corporativa: uma reflexão sobre conceitos e o termo universidade. In GUEVARA, A.J.H; ROSINI, A.M. (Orgs.) (2008). *Tecnologias emergentes*: organizações e educação. São Paulo: Cengage.

DIAS, A. A.; VASCONCELLOS, V. M. (1999). Concepções de autonomia dos educadores infantis. *Temas em Psicologia, 1*(7), 9-21.

DUDLEY-EVANS, T., & ST. JOHN, M.J. (1998). *Developments in English for specific purposes: a multi-disciplinary approach*. Cambridge University Press.

FISHER, A.G; MURRAY, E.A. (1991). Introduction to sensory integration.

FLEURY, M.T.L.; FLEURY, A. (2001). Construindo o conceito de competência. *RAC*, Edição Especial.

FREIRE, P. (1996). *Pedagogia da autonomia*: saberes necessários à prática educativa. São Paulo: Paz e Terra.

GARDNER, H. (1994). *Estruturas da mente: a teoria das múltiplas inteligências*. Porto Alegre: Artes Médicas.

GERALDI, J. W. et al. (Orgs.). (1999). *O texto na sala de aula*. 3ª. ed. São Paulo: Ática.

GOMIDE, P.I.C. (2001). Efeitos das práticas educativas no desenvolvimento do comportamento antissocial. In M.L. MARINHO & V.E. CABALLO (Eds.). *Psicologia clínica e da saúde*. Londrina, Granada: UEL/APICSA.

GUEVARA, A.J.H.; DIB, V.C. (2008). Da sociedade da informação à sociedade do conhecimento. In GUEVARA, A.J.H; ROSINI, A.M. (Orgs.) *Tecnologias emergentes:* organizações e educação. São Paulo: Cengage.

HIRATA, H.; KERGOAT, D. (1994). A classe operária tem dois sexos. Tradução de Estela dos Santos Abreu. *Estudos Feministas*, Ano 2, 1º Semestre. N.1/94, pp. 93- 100.

INSTITUTO UNIVERSAL BRASILEIRO – IUB (2010). *História*. Disponível em: <http://www.institutouniversal.com.br/historia.asp?IUB> Acesso em: 20 abr. 2015.

KNOWLES, A. (1976). The effect of choloriedeupon chicken visual pigments. *Bio chem. Biophys. Res. Common*, 73, 56.

KURAMAVADIVELU, B. (2006). *Understanding language teaching*: from method to post method. Mahwah, NJ: Lawrence Erlbaum Associates.

LEITE, A. M; BARBOSA, D. C. L.; AZEVEDO, A. J. (2011). A presença da pedagogia crítico-social dos conteúdos na prática docente nos anos iniciais do ensino fundamental. *Revista Científica Eletrônica e Pedagogia*, ano IX, número 17, janeiro.

LIBÂNEO, J. C. (1999). *Didática*. São Paulo: Cortez.

LIBÂNEO, J. C. (2002). *Democratização da escola pública: a pedagogia crítico-social dos conteúdos*. 18ª. ed. São Paulo: Edições Loyola.

MEISTER, J.C. (1999). *Educação corporativa*. São Paulo: Makron Books.

MIRABILE, R. J. (1997). Everything you wanted to know about competency modeling. *Trainning & Development*, Alexandria, vol.51, n.8, p. 73-77.

MOORE, M.; KEARSLEY, G. (2007). *Educação a distância:* uma visão integrada. São Paulo: Thomson.

MOSCOVIA, F. (1981). Competência interpessoal no desenvolvimento de gerentes. *Revista de Administração de Empresas*, vol. 21, n. 2, São Paulo. Apr./June.

NOGUEIRA, S. M. (2004) A andragogia: que contributos para a prática educativa? Linhas: Revista do Programa de Mestrado em Educação e Cultura, v. 5, n. 2, p. 333-356, dez.

NONAKA, I.; TAKEUCHI, H. (1997). *Criação do conhecimento na empresa:* como as empresas geram a dinâmica da inovação. Rio de Janeiro: Campus.

PAZIN FILHO, A. (2007). Características do aprendizado de adultos. *Medicina, Ribeirão Preto,* (40) I: 7-16, jan./mar.

PERRENOUD, P. (1999). *Construir as competências desde a escola.* Porto Alegre: Artmed.

PETTERSON, G.R.; REID, J.B.; DISHION, T.J. (1992). *Antisocial boys.* Eugene, OR: Castalia.

PIERRE, A. J. (2007). *Gestão de pessoas nas empresas.* São Paulo: Editora Atlas.

POSTMAN, N. (1994). *Tecnopólio: a rendição da cultura à tecnologia.* São Paulo: Nobel.

PRABHU (1987). *Second language pedagogy.* New York, Toronto: Oxford University Press.

RAMOS, M.N. (2001). *Pedagogia das competências*: autonomia ou adaptação? São Paulo: Cortez.

REDE GLOBO (2012). *Telecurso:* há mais de 30 anos investindo em educação a distância. Disponível em: <http://redeglobo.globo.com/globoeducacao/noticia/2012/09/telecurso-ha-mais-de-30-anos-investindo-em-educacao-distancia.html> Acesso em 20 abr. 2015.

ROSINI, A.M. (2007). *As novas tecnologias da informação e a educação a distância.* São Paulo: Thomson Learning.

SEVERO, R. B. (2008). *Avaliação do curso de graduação em administração presencial da UFSM e a distância da UFSM/UFRGS quanto ao processo de ensino aprendizagem em relação às dimensões*: aluno/aluno, aluno/professor e aluno/conteúdo. 2008. Dissertação (Mestrado em Administração). Universidade Federal de Santa Maria, Santa Maria.

SILVARES, E.F.M. (1999) Habilidades sociais versus competência social infantil: práticas avaliativas clínicas e de pesquisa. *Avances recientes en psicología clínica y de la salud,* Resumos do I Congresso Iberoamericano de Psicologia Clínica y de la Salud, p. 187.

SKINNER, B. F. (1974). *Ciência e comportamento humano.* São Paulo: EDART.

SMOLE, K. C. S. (1999). *Múltiplas inteligências na prática escolar.* Brasília : Ministério da Educação, Secretaria de Educação a Distância.

theory. In FISHER, A.G., MURRAY. E.A.; BUNDY, A.C (Eds).*Sensory integration theory and practice.*(pp. 3-26). Philadelphia: F.A. Davis.

VYGOTSKY, L.S. (2007). *A formação social da mente.* 7ª ed. São Paulo: Martins Fontes.

Renato Antonio de Souza

Licenciado em Letras (línguas portuguesa e inglesa) pelas Faculdades Integradas Tibiriçá (SP). É mestre em Linguística Aplicada e Estudos da Linguagem pela Pontifícia Universidade Católica (PUC-SP). Tem experiência na docência em todos os níveis de educação, inclusive com formação continuada de professores, desenvolvendo projetos na Secretaria de Educação do Município de São Paulo e do município de Cajamar. É professor e orientador educacional no Centro Paula Souza e também na Faculdade de São Paulo (Uniesp).